韓国併合 110年後の真実

条約による併合という欺瞞

和田 春樹

表紙図版＝「韓国併合条約」日本語本（部分。ソウル大学奎章閣韓国学研究院蔵、李泰鎮他編『条約で見る韓国併合』二五〇、二五五頁）

岩波ブックレット No. 1014

はじめに

二〇一九年の夏は、日韓関係が国交樹立後五四年目にして最悪の対立状態に陥った苦しい時であった。日本政府の関係者は、首相も外相も、韓国は一九六五年の日韓条約、請求権協定に違反する行動をとるな、存在する条約、協定を守らないのは国際法違反である、と言い立てた。その口ぶりを聞いていると、一九一〇年の韓国併合条約も尊重せよ、日本の植民地支配は条約にもとづいた行動だった、とあらためて主張しているように感じられた。

たしかに一九一〇年八月二二日、寺内正毅《まさたけ》と李完用《イワニョン》が署名した条約が残っている。だが条約の締結は秘密にされ、七日後の八月二九日、韓国を併合するとの日本帝国天皇の詔書が公布されるとともに、公表されたのである。この日をもって大韓帝国は消滅し、その領土全体が日本帝国に併合され、朝鮮と呼ばれることになった。以後日本の植民地支配が三五年間つづくのである。

一九四五年八月一五日、日本帝国の降伏とともに、朝鮮は植民地状態から解放された。しかし、日本は米国軍隊に単独占領されたが、朝鮮半島は不幸にも米国とソ連により分割占領されるにいたった。一九四八年、ソウルに大韓民国、平壌に朝鮮民主主義人民共和国が建国された。一九五〇年朝鮮人民軍が南に侵攻し、朝鮮戦争がはじまる。武力統一の企てである。

ただちに日本を占領していた米軍が出動して参戦する。日本は米軍にしたがって、自動的に大韓民国の側につき、この戦争に協力した。一九五一年末だ続く戦争の最中、講和条約を結び独立した日本は、直後から大韓民国との国交樹立交渉を開始した。この交渉の中では、韓国側から併合条約の無効性が主張され、これに対して日本政府は併合条約の有効性を主張してやまなかった。一九六五年の日韓条約締結にあたっては、この原則的な対立は棚上げされた。同一の英文正文を双方が自分に都合のよいように自国語に翻訳して、第二の正文とし、自分に都合のよいように解釈して、自国民に説明したのである。

基本条約第二条は、英語の正文では、"It is confirmed that all treaties or agreements concluded between the Empire of Japan and the Empire of Korea on or before August 22, 1910 are already null and void." であった。これが日本語では「千九百十年八月二十二日以前に大日本帝国と大韓帝国との間で締結されたすべての条約及び協定は、もはや無効であることが確認される」と訳され、ずっと有効であったものが、いまは無効になっていると解釈された。これに対して、韓国語では「이미 無効임을確認한다(とうに無効であることを確認する)」と訳して、当初から無効だと解釈したのである。

日本では、条約批准国会で佐藤栄作首相は次のように答弁した。

「私が申しあげるまでもなく、当時、大日本帝国と大韓帝国との間に条約が結ばれたのでございます。これがいろいろな誤解を受けておるようでありますが、条約であります限りにおいて、これは両者の完全な意思、平等の立場において締結されたことは、私が申しあげるまでもございません。したがいまして、これらの条約はそれぞれ効力を発生してまいったのであります」

有効な条約の締結、両者の合意にもとづいた併合だから、謝罪も反省も必要ないというのが日本政府の立場であった。他方で、この日本側の主張に対する不同意が韓国国民の普遍的な立場であったことは明らかである。

その意味では、一九六五年の日韓条約は両国の歴史認識が正反対であることを露呈している欠陥条約であると言わざるをえない。であればこそ、日韓両国の間で歴史認識上の対立が顕在化してくるのは避けられないことであったのだ。

対立が露呈されれば、それを克服しようとする動きも出てくる。しかし、日本の動きは途方もなく緩慢であった。韓国で民主主義的国民政府が誕生した一九八七年のあと、八年をへて、一九九五年八月一五日、自社さきがけ三党連立内閣の村山富市首相が閣議決定にもとづいて総理談話を出した。「植民地支配と侵略」によって「アジア諸国の人々に対して多大の損害と苦痛を与え」たとみとめ、「痛切な反省」、「心からのお詫び」を表明したのである。この談話は、併合条約の有効性についての日本政府の公式見解を議論の俎上に載せた。この年一一月一四日、『朝日新聞』の紙面上で当時東大教授であった私と外務省元北東アジア課長黒田瑞夫氏が討論した。私は次のように主張した。

「併合条約は、当時の世界では、列強によって有効だと認められ、日本による韓国併合は承認された。……しかし、今日から振り返れば、朝鮮民族の意志に反して強制された併合条約は日本の韓国併合、植民地支配をいかなる意味でも合法化、正当化しえないものと認めなければならない。そのような意味で条約は当初より無効であると言えるのである」。だから日韓条約「第二条」解釈の分かれは、日本が……韓国側の解釈を受け入れて統一することが、唯一の現実的な道であろう」。

これに対して、日韓条約締結当時の外務省課長黒田瑞夫氏は、つぎのように主張した。「日本側は、併合条約など旧条約は、その締結の際に、国際法上条約の締結を無効とするとされる締結者の身体に対する威嚇や脅迫はなかったので、有効に締結されたものであり、旧条約が効力を失ったのは、サンフランシスコ平和条約によりわが国が朝鮮の独立を承認した時である、との立場を堅持してきている。旧条約が初めから無効であったということになると、三十六年間にわたり積み上げられてきた公法上及び私法上の法律関係が覆される恐れがあり、さらに請求権問題の交渉にも影響する可能性もなしとせず、到底受け入れられるものではなかった」

これは新しい局面での論争のはじまりであった。一九九八年から二〇〇〇年末にいたる時期には、雑誌『世界』誌上で日韓の歴史学者、法律家がこの問題で論争をたたかわせた。主たる論者は、ソウル大学李泰鎮《イテジン》教授と明治大学海野福寿《うんのふくじゅ》教授であり、李教授が、併合条約には締結手続き上の欠陥と条約形式上の瑕疵《かし》があり、源泉的に不成立の条約であり、無効であったと主張したのに対し、海野教授は、併合条約は、「不当ではあるが、法的には有効に締結された」と主張して、ゆずらなかった。

二〇一〇年には、韓国併合一〇〇年に際して、日本の知識人五〇〇人と韓国の知識人五〇〇人が共同声明を発表し、「かくして韓国併合にいたる過程が不義不当であると同様に、韓国併合条約も不義不当である」と主張した。そのうえで、日韓条約第二条については韓国側の解釈――併合条約は「当初より無効であった」という解釈で統一するように提案したのである。この声明にこたえるかのように、日本政府、菅直人総理は八月一〇日、閣議決定により韓国併合一〇〇年の総理談話を発表し、「三・一独立運動などの激しい抵抗にも示されたとおり、政治的・軍事的背景の下、当時の韓国の人々は、その意に反して行われた植民地支配によって、国と文化を奪われ、民族の誇りを深く傷付けられました」と認めたが、この談話も併合条約の問題に触れることはなかった。

今日もなお、併合条約の合法性、条約による韓国併合の正当性の認識は日本政府の公式見解でありつづけている。それが、一九六五年日韓条約第二条の日本側解釈を支え、日本の植民地支配の弁護論の最後のよりどころとなっているのである。今日の日本人と韓国、朝鮮の人々との歴史認識の対立の源泉がここにあると言っても言い過ぎではないだろう。

本書は、日本帝国政府が韓国併合の方針を閣議決定する一九〇九年春から併合が実行された一九一〇年八月末までの期間に対象を限定して、アジア歴史資料センターに所蔵されていた併合関係書類を検討し、いままで知られていなかった併合の実行の過程をあきらかにしようとする。これまでは、併合は併合条約の調印によってなしとげられるほかないと信じ込んできた。併合に関する研究書も例外なしにそのような記述を繰り返してきた。だが、それは大いなる幻想であったのである。

二〇一〇年声明を出した日韓発起人集団はその後この問題について研究し、討論を重ねてきた。李泰鎭教授は併合条約の調印の過程を深く研究し、尹大遠《ユンデウォン》氏はアジア歴史資料センターで併合に関する新資料を発見し、丁寧に分析した。和田春樹は日本政府部内に詔書併合論と条約併合論があったことを発見した。糟谷憲一氏は併合詔書の意義を強調した。これらの努力の結果として、和田春樹がこの間の研究、討論を総括し、糟谷憲一氏の助けをえて、本書を書き上げることができた。

本書の土台となった研究を以下に掲げておく。


李泰鎮・李相燦編『条約で見る韓国併合――不法性の証拠』（東北亜歴史財団、二〇一〇年末）。

尹大遠『寺内正毅統監の強制併合工作と〝韓国併合〟の不法性』（ソミョン出版、二〇一一年七月）。

和田春樹「併合条約の無効性と併合の現実」（日韓共同声明第二回会議、二〇一一年八月二九日、ソウルで報告）。

李泰鎮「「韓国併合条約」に関して両国皇帝詔勅がもつ批准効果について」（『日韓 歴史問題をどう解くか』岩波書店、二〇一三年所収）。

糟谷憲一「「韓国併合条約」の無効性と「併合詔書」」（同右所収）。

和田春樹「寺内統監の韓国併合手法について」（日韓共同声明第三回会議、二〇一四年二月、ソウルで報告）。

尹大遠「「韓国併合」の方法と長州藩軍部」（日韓共同声明第四回会議、二〇一四年一二月八日、東京で報告）。

李泰鎮『日本の韓国併合強制研究』（知識産業社、二〇一六年）。

I　日露戦争後の日本の韓国支配

韓国は日本の保護国となる

一九〇五年九月、日露戦争が終わった。だが、日本は大韓帝国の軍事占領を継続した。ポーツマス講和の二カ月後、伊藤博文がソウルに赴き、第二次日韓協約、いわゆる乙巳《いっし》条約への調印を皇帝高宗《コジョン》とその政府に強制した。その第一条において、「日本国政府ハ……外務省ニ由リ今後韓国ノ外国ニ対スル関係及ビ事務ヲ監理指揮」すると定め、第二条において「韓国政府ハ今後日本国政府ノ仲介ニ由ラズシテ国際的性質ヲ有スル何等ノ条約若シクハ約束ヲナサザルコトヲ」約束したことになった。外交の管理のために日本から韓国に統監が派遣された。初代の統監に就任したのは伊藤博文その人である。こうして大韓帝国は日本の支配下に入る保護国とされた。これまで大韓帝国と外交関係をもっていた各国はこの事態を認め、漢城（ソウル）の公使館を閉鎖し、公使たちを退去させた。英独仏露米の五カ国は領事館をのこした。

保護国とは

保護国とはどのような事態であったか。同時代の日本の国際法学者は保護国の範疇について検討をおこない、論争をたたかわせた。有賀長雄は保護国を四種に分け、韓国を第二種保護国に位置づけた。独立国の権利を有しているが、これを自由に行使せず、一部分の行使は保護する国の意志によって制限されている国にあたるとみたのである。これに対して立《たち》作太郎は保護国を「保護を与うる国家との間の保護条約に基づき、……内地外交、特に外交関係に於いて制限を受くる国家」と規定し、さらに「被保護国の外交機関が直接に第三国の外交機関と交渉するを得る」ものを甲種真正保護国とし、保護を与える国が対外関係につき、被保護国を代表し、「被保護国の外交機関が直接に第三国の外交機関と交渉することなきもの」を乙種真正保護国と分類した。そして、乙巳条約以後の韓国は乙種真正保護国であると判定した(1)。

二〇一〇年韓国人留学生李主先《イジュソン》氏は画期的な論文を『歴史学研究』誌に発表した。その中で、一九〇六年六月一一日より七月六日の間に調印された改正赤十字条約には前文に韓国皇帝の名が条約締結者としてあげられているが、実際に全権委任者として記名調印したのはベルギー駐在の日本公使であったこと、この条約をめぐる論議の中で、林董《ただす》外相は「韓国ト外交上ノ事ニ韓国皇帝ノ文字ハ一切用ヒザルコトト為レリ」と述べ、以後韓国皇帝の名は対外的には喪失されたことの二点の事実を明らかにしている(2)。つまりこれ以後大韓帝国は外国と条約を結ぶことはできない国だとされたというのが李氏が出した重要な結論である。

ロシア政府の新方針

統監伊藤博文は「専ら外交に関する事項を管理する」とされていたが、当初から「日本国政府の代表者」として、皇帝高宗に圧力を加え、韓国全土と全人民への支配を強めた。これに対して高宗は抵抗の姿勢を維持し、乙巳条約が強制されたものであり、無効であることをひそかに諸外国に訴えることをやめなかった。しかし、日露戦争直後には日本が韓国支配を決定的な水準にあげることを阻止しようとしていたロシア政府も、ラムズドルフに代わってイズヴォリスキーが外相になると、韓国問題に対してきわめて消極的な態度をとるようになった。

イズヴォリスキーは、駐日公使時代は、高宗の韓国中立国構想を支持したが、いまや外相として、日本との和解による東方の安定を追求する方針を推進した。(3) 林董外相も一九〇七年一月から、ロシアとの協約の可能性をさぐりはじめた。二月一八日、ついにイズヴォリスキー外相の側から日露協約の案文が出されるにいたった。駐露公使本野一郎は、強気になって、「韓国ニ於テ静穏ナル状態ヲ確立セムトスルニハ同国ヲ我国ニ併合スルノ外ナシ」ということを明言し、ロシアから諒解を取り付けておくことが必要だと本省に提案した。(4) しかし、三月三日の元老会議は、韓国条項は「該関係今後ノ発展ニ対シ之ヲ妨礙《ぼうがい》シ、又ハ之ニ干渉セザルコトヲ約ス」というぼかした表現にしておくと決定した。(5) この日本案をうけとったイズヴォリスキーは三月一一日、本野公使と会談し、「今後ノ発展」とは何を意味するかと尋ねた。本野は日本が併合を考えていることはわかっているのに、このように質問したのは、日本側の考えをはっきり表明させ、モンゴルの方面で補償をとるつもりだろうと本省に報告している。(6)

この交渉の経過を知ったソウルの伊藤統監は三月三〇日、「韓国問題ノ為メニ再ビ紛議ヲ惹起セザルヲ期スベカラズ」として、韓国問題を明記して、ロシアと合意するように求めた。伊藤は、「韓国近時ノ状態ハ排日鼓吹ノ気焔ヲ高メ、頻リニ欧米人ノ鼻息ヲ窺《うかが》フ時機」だと危機意識を深めていた[7]。伊藤の考えの底には、韓国問題についてポーツマス条約は「日露両国間ニ異議ヲ挟ムノ余地ヲ残シタ」という判断があった。このたびの協約で、「日露戦争ノ大眼目」であった「韓国問題ヲ完全ニ解決」すべきだと主張したのであった。これに対して、林董外相の方は、ポーツマス条約でロシアは日本が韓国でとる「指導保護及《および》監理ノ措置」を認めたし、一九〇六年にプランソンをソウル領事として送りこもうとした時も、結局、信任状を日本政府に出すことになり、韓国が日本の保護国たることを承認したのだから、「今後ノ発展」について、こまかくロシアと協定を結ぶのは日本にとって有利でないという考えであった[8]。

日露協約調印以後

イズヴォリスキーは四月になって、併合についての保証を与えていいが、そのさいは日本からもさらにモンゴルについて「相当ノ保証ヲ得ルヲ要ス」と回答してきた[9]。この点をめぐって、紆余曲折があったが、最終的には、日露協約が一九〇七年七月三〇日に調印された。この協約において、両国は、南北満洲における勢力範囲を規定し、韓国、内モンゴルにおけるそれぞれの特殊利益を尊重することで合意した。さらにロシアは、秘密協約の中で、日本と韓国の間に条約と協定にもとづいて存在する「政事上利害共通ノ関係ヲ承認シ」、その関係が「益々発展ヲ来スニ方《あた》リ、之ヲ妨礙シ、又ハ之ニ干渉セザルコトヲ約ス」とした[10]。

だから高宗が一九〇七年六月にロシア皇帝よびかけのハーグ平和会議へ三人の特使を派遣して、韓国の主張を訴えさせようとしたのは、もはや望みのないことであった。ロシア政府は韓国の代表の会議参加さえ拒絶した。韓国支配についてロシアの最終的支持をえたかたちとなった日本は高宗に対して強硬に出た。七月二〇日伊藤統監は高宗を退位させ、息子の純宗《スンジョン》に譲位させた。漢城では民衆が憤激して、立ち上がった。李完用首相の邸は放火された。七月二四日には、伊藤は内政の指揮権を統監がにぎる第三次日韓協約の調印を李完用に強制した。[11] こののち、「韓国政府は施政改善に関して統監の指導をうける」ことになり、「法令の制定と重要な行政上の処分はすべて統監の承認を経る」こととされた。そして、日韓協約調印の七日後、七月三一日には、伊藤統監が書いた韓国軍隊解散の皇帝詔勅が公布された。[12] 少数の宮殿警備の部隊をのこして、韓国の軍隊はすべて廃止された。こんどは韓国全土に怒りが爆発し、義兵の決起が各地でおこるにいたった。ソウルでも市街戦がみられた。ここにいたって日本の韓国経営は完全に動揺した。

新体制のもとで、韓国政府のすべての大臣のもとには日本人の次官が任命され、彼らが行政の実権をにぎった。しかし、それで韓国民の憤激を抑え込むことはできなかった。ここにおいて日本による朝鮮直接統治、完全支配を求める動きがあらわれた。

Ⅱ　日本政府の併合断行方針決定さる

ボスニア＝ヘルツェゴヴィナ併合

一九〇八年七月第二次桂太郎内閣が誕生し、小村寿太郎が外相にもどった。その直後の一〇月七日、オーストリア＝ハンガリーがボスニア＝ヘルツェゴヴィナを併合した。小村がこの事件に注目しないはずはない。

ボスニア＝ヘルツェゴヴィナはセルビア人、クロアティア人など南スラヴ人が住む地域であったが、一五世紀以来四〇〇年間オスマン帝国の支配下にあった。露土戦争後の混乱を調整した一八七八年のベルリン会議で、南スラヴ諸国の独立が認められたのに合わせて、ボスニア＝ヘルツェゴヴィナ地域はトルコ支配からはなれ、オーストリア帝国の行政権下に入ることが認められた。ギリシア正教徒のセルビア人はイスラム教徒化した人々と分かれて自治を要求する運動をはじめた。一九〇八年七月トルコで青年トルコ革命がおこるや、この地のイスラム系の運動の活発化をおそれるオーストリアは、ボスニア＝ヘルツェゴヴィナ併合を強行する方針を決めた。この方針が九月の露墺外相会談でロシアに通告された。ロシアはそれなら自分たちも利益を得ようと、ボスフォラス＝ダーダネルス海峡開放の要求をもちだした。ロシアはこの件での国際会議の開催ももとめたが、話し合いはつかなかった。

そのまま、一〇月七日、オーストリアはボスニア＝ヘルツェゴヴィナ併合を実行したのである。この日をもって併合するとの皇帝の書簡が各国に送られ、皇帝の勅書も発表された。ロシアは強く反発し、セルビア政府は国境に軍を進めて、牽制した。オーストリアも軍を動かして対抗し、緊張が高まった。しかし、イギリスもフランスもロシアがのぞむ国際会議開催を支持しなかった。ロシア政府も戦争はできなかった。一九〇九年三月にいたり、ドイツが、この併合を認めるようにロシアに最後通牒をつきつけると、ロシアは屈服せざるをえなかった。(13)

小村の併合意見書

小村はこの経過をくわしく見守っていたはずである。そして一九〇九年はじめには、日本も韓国の併合を断行できる、断行すべきであるとの主張をかためたと考えられる。小村は、倉知鉄吉政務局長に要旨を授け、意見書を起草させた。出来上がってきた倉知案に加筆して、「対韓方針」と「対韓施政大綱」という二つの文書をまとめ、三月三〇日桂首相に提出した。

桂は小村の韓国併合断行の意見に同意した。桂と小村は連れ立って、四月一〇日、帰国した統監伊藤博文と会談した。伊藤は併合断行の方針には異をとなえるのではないかと考えられていたが、会談してみると、併合断行の方針はあっさり受け入れられた。(14) 伊藤はこのあと六月に統監をやめる。小村外相提出の二つの文書は七月六日の閣議に出され、そこで決定された。韓国併合断行の閣議決定はその日のうちに天皇の裁可をえたのである。

最初の文書、「対韓方針」は七月六日に閣議決定されたときは「韓国併合ニ関スル件」という名称に変わっていたが、全文は以下のとおりである。

帝国ノ韓国ニ対スル政策ノ我実力ヲ該半島ニ確立シ、之ガ把握ヲ厳密ナラシムルニ在ルハ言ヲ俟《ま》タズ。日露戦役開始以来韓国ニ対スル我権力ハ漸次其大ヲ加ヘ、殊ニ一昨年日韓協約ノ締結ト共ニ同国ニ於ケル施設ハ大ニ其面目ヲ改メタリト雖《いえども》、同国ニ於ケル我勢力ハ尚未ダ十分ニ充実スルニ至ラズ。同国官民ノ我ニ対スル関係モ亦《また》未ダ全ク満足スベカラザルモノアルヲ以テ、帝国ハ今後益《ますます》同国ニ於ケル実力ヲ増進シ、其根底ヲ深クシ内外ニ対シ争フベカラザル勢力ヲ樹立スルニ努ムルコトヲ要ス。而カシテ此目的ヲ達スルニハ、此際帝国政府ニ於ケル左ノ大方針ヲ確立シ、之ニ基キ諸般ノ計画ヲ実行スルコトヲ必要トス。

第一、適当ノ時期ニ於テ韓国ノ併合ヲ断行スルコト。韓国ヲ併合シ之ヲ帝国版図ノ一部トナスハ半島ニ於ケル我実力ヲ確立スル為最《もっとも》確実ナル方法タリ。帝国ガ内外ノ形勢ニ照ラシ適当ノ時機ニ於テ断然併合ヲ実行シ半島ヲ名実共ニ我統治ノ下ニ置キ、且《かつ》韓国ト諸外国トノ条約関係ヲ消滅セシムルハ、帝国百年ノ長計ナリトス。

第二、併合ノ時機到来スル迄ハ併合ノ方針ニ基キ充分ニ保護ノ実権ヲ収メ努メテ実力ノ扶植ヲ図ルベキコト（以下略）。

第二の文書、「対韓施政大綱」は全五項の短いもので、冒頭部分は次の通りであった。

第一、帝国政府ハ既定ノ方針ニ依リ韓国ノ防禦及秩序ノ維持ヲ担任シ、之ガ為ニ必要ナル軍隊ヲ同国ニ駐屯セシメ、且出来得ル限リ多数ノ憲兵及警察官ヲ同国ニ増派シ十分ニ秩序維持ノ目的ヲ達スル事。

第二、韓国ニ関スル外国交渉事務ハ既定ノ方針ニ依リ之ヲ我手ニ把持スル事。(15)

この小村意見書のトーンから感じられることは、小村が併合を日本政府の決定によって断行するという方針を立てていることである。

小村は保護国化も通告で実施する考えだった

小村は韓国の保護国化のさい、条約が結べなければ、一方的通告で押し切ることをも辞さない腹であったことが知られている。小村はポーツマス講和締結後の一九〇五年九月一五日、ローズヴェルト大統領に会ったさい、ロシアの動きが韓国皇帝の動きと連動することを警戒して、次のように話し合ったのであった。

小村　露国が裏面において陰謀的動作をなす可能性を「絶滅」するために、日本において韓国の外交関係を引き受けるほかに道がない。

ローズヴェルト　日本がそのようにすることに異議はない。

小村　もし韓国が条約の締結に応じない場合は、日本は一方的に保護権設定を宣告するの止むなきに至る。そのことに対しても大統領の諒解を求めたい。
ローズヴェルト　それも支持する。(16)

この方針は、小村の提案で保護条約の締結をめざすことを決めた一九〇五年一〇月二七日の閣議決定にももりこまれた。「着手ノ上到底韓国政府ノ同意ヲ得ル見込ナキ時ハ最後ノ手段トシテ、一方韓国ニ向テハ保護権ヲ確立シタル旨ヲ通告シ、列国ニ向テ帝国政府ガ右ノ措置ニ出ヅルノ已ムヲ得ザリシ理由ヲ説明」するとある。(17)

保護条約もなしにすませ、保護国化を通告で実施することも可能だと考えていた小村としては、外交権をもたない保護国である韓国の併合は日本政府の通告、宣言で実施できる、と考えたのは当然である。

保護国化から併合へ進む一般の事例

一般的にみても保護国を併合する場合は、あらたな条約締結をおこなわず、一方的な宣言ですますことが通常のやり方であった。古くはロシア帝国の例が知られている。ロシアは一七八三年八月四日(ロシア暦七月二四日)グルジア王国と保護国条約を結び、一八〇一年一月三〇日(一八日)に皇帝の詔書でグルジア王国を併合することを宣言した。(18)

フランスは一八八三年よりマダガスカル王国を攻め、八五年一二月一七日に保護条約に調印させ、外交権を獲得した。しかし一〇年後に両国の間に衝突が起こると、フランスは内政権をもうばう新保護条約に九五年一〇月一日調印させた。その上で、翌年五月三〇日、マダガスカルをフランスの植民地とする法案がフランス議会に上程され、これが可決され、八月六日法となり、マダガスカルは併合されたのである。(19)

最新のボスニア＝ヘルツェゴヴィナ併合の場合は、オーストリア＝ハンガリー皇帝が欧州五大国の首脳に併合の意志を表明する書簡を一九〇八年九月末に送ったうえで、帝国議会が開会中に一〇月七日、皇帝の勅書によって併合を宣言したのであった。

小村の詔勅併合案

小村はそのような前例を念頭におきながら、韓国併合実施の方法順序についての基礎案を立案することを倉知政務局長に命じた。倉知が作った案に小村は修正をくわえ、首相に提出した。(20) アジア歴史資料センターの韓国併合書類中の「四十二年秋外務大臣案ニシテ閣議ヲ経ザルモノ」と頭記された文書がそれである。(21) 提出されたのは一九〇九年秋ということになる。

この文書の前文は、先の「併合ノ断行」の閣議を想起し、次のように始めている。

> 併合実行ノ時機如何ハ内外ノ状勢ニ依リテ決スベキ問題ニ属シ、今ニ於テ之ヲ測知スルヲ得ザルハ勿論ナリト雖《いえども》、内外ノ状勢ハ日ニ推移シテ止マザルヲ以テ、今後予見スベカラザル新事実ノ発生スルアリテ何時併合実行ノ機会到来スルヤモ料《はか》リ難ク、従テ右実行ノ場合ニ於テ我取ルベキ方針及措置ハ今ヨリ之ガ講究ヲ遂ゲ、以テ万一ノ遺算ナキヲ期スルヲ必要ナリ

トス。

とるべき方針措置として挙げられた第一は「併合宣布ノ件」である。

（一）併合実行ノ際ニハ特ニ詔勅ヲ発シ併合ノ事実ヲ内外ニ宣布セラレ、併セテ左ノ事項ヲ宣明セラルルコト

（イ）併合ヲ実行スルノ已ムヲ得ザルニ至リタル事由

（ロ）東洋永遠ノ平和ヲ維持シ帝国ノ安固ヲ確保シ、併セテ韓民並韓半島ニ於ケル外国人ノ康寧ヲ増進スル為併合ノ必要ナルコト

（ハ）半島ニ於ケル外国人ノ権利ハ併合ニ依リテ生ジタル新事態ト両立スベカラザルモノヲ除クノ外帝国政府ニ於テ十分之ヲ保障スベキコト

（二）右詔勅ニ於テハ尚韓半島ノ統治ノ全然天皇大権ノ行動ニ属スル旨ヲ示サレ、以テ半島ノ統治ガ帝国憲法ノ条章ニ遵拠スルヲ要セザルコトヲ明《あきらか》ニシ、後日ノ争議ヲ予防スルコト

第二は「韓国皇室処分ノ件」である。

（一）韓国ノ併合ト同時ニ同皇室ヲシテ名実共ニ全然政権ニ関係セザラシメ、以テ韓人異図

〔謀反の意〕ノ根本ヲ絶ツコト
（二）韓国皇帝ハ全然之ヲ廃位トシ現皇帝ヲ大公殿下ト称スルコト
（三）大皇帝、現皇太子及義親王ハ之ヲ公殿下ト称スルコト
（四）大公殿下、公殿下及其一門ハ之ヲ東京ニ移住セシムルコト
（五）、（六）、（七）略

第三は「韓半島統治ノ件」であった。その第四に「対外関係ノ件」があげられ、次の通り規定していた。

（一）韓国ト諸外国トノ条約ハ併合ト同時ニ消滅ニ帰シ法権及税権ハ全ク我ニ帰スルニ至ルベキニ依リ、詔勅ヲ以テ併合ヲ宣布セラルルト同時ニ帝国政府ヨリ関係諸国ニ併合ノ趣ヲ通告シ、且左ノ事項ヲ宣言スルコト。

小村のこの意見書は、併合の実行は詔勅を発して宣布することによって行うという考えを明確に打ち出したものである。

この資料は『小村外交史』にも収められたが、そこでは、桂首相がこの意見書を「閣議に附し、閣僚一同これに賛し、なお別に併合の条約締結の形式によって行われない場合の措置をも攻究する所があった」と書かれている(22)。先の資料の頭記に注目すれば、これは正しくない。また後段は、

小村の詔勅併合案と矛盾し、かつ前段が信頼できなければ、後段も信頼できない記述である。

この小村の秋の提案は桂首相と相談されたが、同意をえて、閣議にかけられて決定されることにはならなかった。それは桂が詔勅併合案に賛成せず、条約併合案を主張したからだと考える。

桂の条約併合案

『公爵桂太郎伝』には、桂が七月の閣議で併合の方針を確定したとして、その大綱を紹介している。その内容は、「併合の宣布」、「外国に対する宣言」など、小村新意見書をもとにしながら、決定的な修正をほどこしたものである。大きく違うのは、前文の内容であり、それと関連して「併合の方法」なる節が加えられている点である。

前文では、「併合断行の時機至らば、帝国政府と韓国政府との間に於て、一の条約を締結し、韓国の任意に出でたる形式に依り、併合を実行するを以て最も穏当なる方法となす」、「若し此の方法に依り、之れを実行する能はざる場合に於ては、我が一方の行為に依り、帝国政府に於て韓国に向て併合を宣言することとなし」、「尚ほ其の何れの方法に依るを問はず、併合の実行に際しては、詔勅を以て併合を宣布」するとしている。(23)「併合の方法」の節は同じ趣旨をくりかえしている。

つまりこの案では、条約による併合がのぞましく、だめなら宣言による併合とする、いずれの場合でも詔勅を出して併合を宣布するとしている。併合の詔勅宣布という点で小村の意見を取り入れながら、条約による併合方式を押し出して決定的な修正をはかっているのである。

『公爵桂太郎伝』の記述は、七月の閣議決定のさいには一致していた桂の意見と小村の意見が秋になって食い違い、最終的に小村の詔勅併合案が退けられ、桂の条約併合プラス詔勅宣布案が推進されることになったという事実をあらわしているものと理解することができる。[24]

桂案の基礎にある韓国情勢認識

問題は、なぜ桂が小村の意見を抑えて、このような条約併合論を主張したのかというところにある。それは桂がそうするように迫られる情勢の変化が起こったためだと考えられる。

一九〇九年秋には、韓国情勢は一層緊迫した。一〇月二六日に先の統監で、枢密院議長の伊藤博文がハルビン駅頭で韓国人民族主義者安重根《アンジュングン》にピストルで狙撃され、殺害されたのである。事件は韓国民の民族感情を強く刺激した。伊藤の後任曾禰荒助統監は動揺し、併合の時機熟さずとして、併合に向かう動きを一切進めなかった。彼は一九一〇年はじめには病気のため日本に帰ってしまう。伊藤の殺害で恐怖を感じたのは桂も同様であったろう。韓国皇帝に併合を願い出させて、併合する方が無難であり、合目的的だという気持ちを強めたと考えられる。

桂文書の中に「併合実行ノ時機ハ尤モ注意ヲ要スルハ勿論ナレバ、総テノ準備ヲナシ、彼等ヲシ〔テ〕併合ノ必要ナルヲ志願セシムルノ方法ヲ取ルヲ以テ最上トス」と書いたメモがある。[25] このような桂の考えが伊藤暗殺のあとに決定的になったのであろう。

Ⅲ　寺内正毅の登場

寺内・山県・桂の協議

この桂の考えに同調したのが寺内正毅《まさたけ》陸相であった。寺内は伊藤、桂、曽禰と同じ長州出身で、維新戦争に参加、日清戦争では兵站《へいたん》の総責任者をつとめ、一九〇一年に桂内閣の陸軍大臣となり、日露戦争を戦った。一九〇八年第二次桂内閣にも陸軍大臣として入閣していた。この時五六歳であった。

彼は日記をつけていた。一九一〇年のはじめからの動きをみてみよう。年初から、寺内は帰国した曽禰統監としばしば会っている。二人は、第一次桂内閣で同じく閣僚であった仲であった。

「一月十二日、午前九時曽禰統監来訪。昨暮合邦論勃興已来《いらい》ノ成行及電報セシ意見等ヲ談話シ、閑談一時間余ニシテ辞去セラル(26)」

寺内は合邦論者の来訪も多く受けている。

「一月十日、午後昨日帰朝ノ児玉秀雄ニ面会シ、韓国ノ事情ヲ聴ケリ。次《つい》デ内田良平来訪、一進会其他ノ事情詳細ヲ承知セリ。将来ノ処分大ニ考慮ヲ要スルモノアリ(27)」

「一月二十一日、午前安達謙蔵氏来訪、対韓政策ニ就《つ》キ意見ヲ陳《の》ブ(28)」

黒龍会主幹の内田は宋秉畯《ソンビョンジュン》らと結びついて、合邦運動にてこ入れをはかっていた。安達は閔《ミン》妃殺害事件の中心人物の一人であった。

「二月十五日、午前対韓同志会長谷川芳之介、大竹貫一、小川平吉、大谷静夫、五百木某ノ五氏来訪。韓国処分ノ件ニツキ種々意見ヲ承知セリ。来談二時間余ニシテ退去セリ」[29]

二月になると、寺内は桂、山県と韓国問題について論じることが多くなった。

「二月十七日、午後四時ヨリ首相官邸ニ山県元帥、首相及予ト相会シ、国家ノ要件ニ就キ談ズルコト午後七時ニ及ブ。就中《なかんずく》韓国ノ事態ニ就キ談ズルコト多シ」

四月になると、桂首相はついに寺内陸相に統監就任を求めた。曽禰の身体の状態がわるく、統監交代が日程に上ったのである。

「四月五日、午前十時ヨリ閣議ニ列ス。首相ヨリ韓国統監ノ事ニツキ内議アリ。来ル十日片瀬ニ見舞フベキヲ約セリ」

寺内は四月一〇日に曽禰を訪問した。

「四月十日、今朝八時二十分新橋〔発〕汽車ニテ片瀬ニ曽禰子〔爵〕ヲ訪フ。……寝床ニ就キ親ク談話三十分余ニ及ブ。……曽禰氏ノ病症ハ白面人何トモ見込不立《たたず》モ随分難解ノ病症ナリト考ヘラル」[30]。これでは自分が後任になって、韓国へ行かなければならないと腹を決めたのである。

寺内はその結果を一二日に山県と話し、桂に報告している。そして一五日にも桂に「曽禰子関係ノ事項ヲ相談シ、兼テ調査シアル韓国統治上ノ書類ヲ渡シ置ケリ」と書いている。五月四日には桂と会い、「韓国ノ始末其他ニ就キ長時間ノ談話」をした。一一日には山県伊三郎に副統監就任をもとめている。すでに統監になったつもりである。五月二五日には「韓国ニ対スル意見書其他ニ就キ長談」している。[31] この山県、桂と寺内の協議には小村はまったく出てこない。ここで条約併合方式が決められたのであろう。一九一〇年五月三〇日桂首相は曽禰統監を解任し、寺内陸相に統監を兼任せしめた。[32]

寺内統監の仕事はじめ

寺内は日本にいて併合準備の仕事を開始した。まず直ちに五月二四日から韓国駐劄《ちゅうさつ》軍の兵力を首都漢城（ソウル）警備のため龍山《ヨンサン》駐屯地に移動させることをはじめた。まず羅南の騎兵第二連隊から一個中隊を動かし、騎兵は二個中隊とし、歩兵は各地の第二九、第四、第三二連隊から六個中隊を移動させて、九個中隊とし、六月一三日には武装義兵討伐のために送られる臨時韓国派遣隊から六個中隊を首都にまわして、最終的に、歩兵一五個中隊を龍山に集結させた。これらの兵力は三王宮、各国領事館、その他の重要施設の警備につき、漢城全体を厳戒態勢においたのである。[33]

さらに寺内は、四月の参謀長会議に出席したあと日本にとどめていた朝鮮軍参謀長明石元二郎と協議し、併合にむけた軍事占領・警備体制を整えた。まず明石を憲兵隊司令官にすることにし、案文をもたせて、帰韓させた。六月二四日、韓国警察事務委託に関する日韓覚書を韓国総理代理朴斉純《パクチェスン》との間で調印させた。韓国の警察制度が完備されるまで韓国政府は警察事務を日本政府に委託するとさせたのである。六月三〇日、韓国警察庁官制は廃止され、警察官は統監府警察所属となった。日本政府は韓国駐劄憲兵条例改正の勅令を出し、憲兵を中心とする警察制度、憲兵警察制度を発足させた。その責任者として、明石元二郎が韓国駐劄憲兵隊司令官兼統監府警務総長に就任したのである(34)。

寺内はまた桂、山県との協議で条約併合の準備をすすめた。一九一〇年六月三日、閣議は「併合後ノ韓国ニ対スル施政方針」一三カ条を定めた。その第一条は「朝鮮ニハ当分ノ内憲法ヲ施行セズ、大権ニ依リ之ヲ統治スルコト」であった(35)。寺内の日記には「本日ノ議ニ於テ嘗《かつ》テ提出セシケ条書ノ全部ノ承認ヲ得タリ」とある(36)。

条約による併合案がかたまり、その後の「施政方針」が決まれば、条約案が起草されねばならないし、さらなる準備作業が必要になる。政府は倉知を中心にして併合準備委員会を設置した。この委員会には外務省政務局長倉知鉄吉のほか、統監府外務部長小松緑、内閣書記官長柴田家門、法制局長官安広伴一郎、拓殖局副総裁後藤新平らが委員として加わった。この委員会の作業は七月七日に完了した。七月八日詔勅案、つまり条約を締結した場合の詔勅案、それに「条約ノ締結ナキ場合ノ詔勅案」、条約案、宣言案、それに「併合実行方法細目」が閣議で決定された(37)。

まず詔勅案、条約締結を前提とした詔勅案である。これには「韓国皇帝陛下此ノ事態ヲ洞鑒《かん》セラレ、韓国ヲ挙テ日本帝国ニ併合シ以テ時勢ノ要求ニ応ゼムコトヲ欲シ、此ノ次特ニ其ノ意ヲ朕ニ致サル。朕亦現下ノ形勢ニ鑑ミ、併合ノ已ムヲ得ザルヲ念《おも》ヒ、茲《ここ》ニ韓国皇帝陛下ノ要望ニ応ジ、永久ニ同国ヲ帝国ニ併合スルコトヲ受諾セリ」と書かれている。

次に、「条約ノ締結ナキ場合ノ詔勅案」。これには、「之ヲ現下ノ形勢ニ鑑《かんがみ》ルニ叙上ノ目的ヲ達セムト欲スルトキハ此ノ際全然韓国ヲ帝国ニ併合スルハ誠ニ已ムヲ得ザル所ニ属ス。朕即チ此ノ要求ニ応ジ、東洋ノ大局ニ顧ミテ、茲ニ永久ニ同国ヲ帝国ニ併合スルコトヲ宣示ス」とある。

諸外国に出す宣言案は条約が結ばれて併合がなされたという内容になっている。「日韓両国政府ハ……日本国皇帝陛下及韓国皇帝陛下ノ承認ヲ経、本日両国全権委員ヲシテ一ノ条約ヲ締結セシメ全然韓国ヲ日本帝国ニ併合スルコトトナセリ」

条約案は、前文があり、第一条には、「韓国皇帝陛下ハ韓国全部ニ関スル一切ノ統治権ヲ完全且永久ニ日本国皇帝陛下ニ譲与ス」、第二条には、「日本国皇帝陛下ハ前条ニ掲ゲタル譲与ヲ受諾シ且全然韓国ヲ日本帝国ニ併合スルコトヲ承諾ス」となっている。第八条は「本条約ハ調印ニ先《さきん》テ日本国皇帝陛下及韓国皇帝陛下ノ閲覧ニ供シ其ノ裁可ヲ経タルモノニシテ調印ノ日ヨリ直ニ効力ヲ有スルモノトス」とあり、調印即発効を定めており、批准を省くことがうたわれていた。「併合実行細目」の第一条において、国称を韓国から朝鮮にあらためることが決められた。

寺内の七月八日の日記には、「本日ハ午前九時ヨリ首相官邸ニ於テ韓国ニ関スル件ニツキ閣議ヲ開キ午後二時ニ及ブ」とある。[38]おそらくすべての文書案がここで承認されたとみて間違いないだろう。条約併合をめざし、だめなら詔書によって併合を実現するという方式が最終的に決定されたことがうかがえる。

第二次日露協約締結

ところで、ロシアとの接近は一九一〇年に入って、第二次日露協約締結に向けて、決定的に前進していた。一九一〇年一月にロシア外相がこの可能性を示唆したところから、日本側が三月に第二次協約案を作成したうえ、四月に本野大使がロシア側に打診を試みたのである。このとき、イズヴォリスキー外相は韓国問題について次のように述べた。「日本国ガ韓国ニ於ケル現状ヲ変更スルノ措置ヲトル場合ニハ、今回行ハントスル協商ノ未来ニ関シ、大ニ懸念ニ堪ヘザル」と。彼はこのことを「熱心ニ、且強硬ニ申出デ、「ボスニア」「ヘルゼゴビナ」合併ニ依リ露国ニ於テ墺国政府ニ対シ非常ニ激昂且敵愾心ヲ起シタル例ヲ挙ゲ、若シ韓国ノ事態ヲ変更セラルルコト実行セラレナバ、露国ニ於テ日本国ニ対シ非常ナル憤慨心ヲ挑発スベキコトニ大ニ憂慮ニ堪ヘズ」と述べた。それを聞いて、本野の方も力んだ。彼は「韓国合併ノコトハ早晩実行セザルベカラザル」ところだと言い切り、このことが「新協商締結ノ妨トナル」と考えるのかと詰め寄った。イズヴォリスキーは、そんなことはないが、「露国ノ輿論」を刺激し、自分が大臣職を失うとか、「親日政策ニ重大ナル影響ヲ及ボス」とかいうことにならないようにしなければならないと答えた。(39) イズヴォリスキーの発言は、明らかにブラッフであった。ロシアの態度は韓国併合自体に反対するというものではなく、ロシアの利益に対する一層の配慮をもとめるものであった。

小村外相はロシア外相のこのような発言を問題にしなかった。ロシアは極東から関心を東ヨーロッパに移しているのに、オーストリア＝ハンガリーのボスニア＝ヘルツェゴヴィナ併合にいかなる抵抗もなしえなかった。そのようなロシアの韓国併合に対する懸念の表明は言葉だけのものだと見抜いていたのである。小村はこのまま第二次日露協約の調印に向かい、七月四日実現させた。

条約併合策の欺瞞性

第二次日露協約が調印されるとすぐに、小村外相は七月一七日在英加藤高明大使に韓国併合をおこなうことを英国政府に事前説明することを求める電報を打った。

「帝国政府ハ此等ノ形勢ニ鑑ミ全然韓国ヲ帝国ニ併合スルノ止ムベカラザルヲ確信シ遂ニ断然併合ヲ実行スルノ決心ヲナスニ至リシ次第ナリ(40)」

どこにも条約を結ぶつもりだと書かれていない。日本が併合を決定し、実行する。それを受けいれてほしいということである。小村としては、条約併合案が採用されたあとでも、条約のことは韓国国内向けの単なる形式にすぎないと考えていたのである。

日本政府が、一方的宣言でなく、条約によって併合するという方式に進んでいくのは、もっぱら韓国内の抵抗を抑え込むためにこの欺瞞的な形式が必要であるとされたためである。韓国はすでに外交権・内政権も喪失した保護国となっている。立作太郎の言う乙種真正保護国である。日本政府の代表者である統監の「監理指揮」によらなければ、外国と交渉することもできないのである。まして条約協定を締結することはできないはずである。だから日韓で条約を結べば、どういう内容の条約であれ、日本政府が日本政府と条約を結ぶことになり、法理論的にはなりたたない。この点を指摘したのは李泰鎮氏である(41)。

李泰鎮氏は、まず統監寺内正毅は、「韓国の外交権行使の代表」であり、その人物が日本を代表して署名することはナンセンスだと考え、もう一人の署名者、総理大臣李完用は統監と「上下関係」にある統監の傀儡《かいらい》であったので、彼が韓国を代表して署名するのもナンセンスであると主張した。海野福寿氏はこれに対して、韓国の外交機能を代行するのは東京の外務省であり、統監ではない、統監は韓国において日本政府を代表する外交官であったのだから、統監寺内が日本を代表して署名したのは問題ないと主張した。だが李完用は統監の傀儡であるとの指摘については、反論できなかった。海野氏は、統監と韓国政府首相は「形式的には……日本政府と韓国政府を代表する立場」にあったと主張するが、問われるのは形式ではなく、実質である。

Ⅳ　併合の実施過程

寺内統監の着任

統監寺内正毅は、一九一〇年七月二〇日軍艦八雲に乗って、東京を出発し、二三日に仁川《インチョン》に到着した。寺内は直ちに上陸し、臨時列車に乗って、南大門《ナムデムン》停車場に到着した。礼砲がとどろくも と、駅頭の盛大な出迎えをうけ、歩兵一個大隊が警備する中、馬車で統監邸に向かった(42)。二五日には、昌徳宮《チャンドックン》に参内し、皇帝純宗に謁見し、ついで徳寿宮《トクスグン》に参内し、前皇帝高宗と厳妃《オム》に謁見した。夜は龍山《ヨンサン》の統監官邸に皇族、高官を招いて、晩餐会を催した。二六日には、はじめて統監府に登庁し、参与官会議をひらいている。二八日には高等官たちを引見して、訓示をあたえ、三〇日には、統監官邸で新任統監の大披露会を催した。八月三日には京城官民団の歓迎会に出席し、五日には官邸で新聞記者との懇親会を開いている(43)。この間、寺内は新統監がいかなる任務をもって、ソウルに乗り込んできたかについては一切語らなかった。ソウルは厳戒態勢である。

この間、寺内は現地統監府の幹部たちと協議をおこない、状勢把握につとめていた。間接的に李完用首相をはじめとする韓国政府の閣僚たちの気分・姿勢をさぐっていたのである。

これからの寺内の行動は彼がこの年一一月七日に桂首相に提出した朝鮮総督報告「韓国併合始末」に忠実に記録されている。

皇帝純宗と韓国政府大臣たち

　韓国の皇帝純宗は一八七四年生れで、このとき三六歳であった。一九〇七年に父帝高宗が伊藤博文に強制退位させられたあとで即位した。高宗が大事にした世子《セジャ》であったが、一八九八年九月に毒入りのコーヒーを飲まされ、一命をとりとめたものの、以後体力、気力を失っていた[44]。子供はなく、末弟を世子垠《ウン》としていた。しかし、この世子は伊藤によって日本に連れて行かれ、陸軍士官学校に入れられていた[45]。この純宗が日本に抵抗することはないものと考えられた。前皇帝の高宗は一八五二年生れで、明治天皇と同年で、五八歳であった。保護条約に強く、執拗に抵抗したが、伊藤に退位させられたあとは、完全に活動を封じられていた。

　大臣たちの中では、保護条約の受け入れを積極的に主導して「乙巳《ウルサ》五賊」の筆頭とされた李完用(一八五八年生)が国務総理であった。一九〇九年一二月に刺客に刺され、一命をとりとめたばかりであった。同じ年に生まれた内部大臣朴斎純も穏健開化派から親日派となった人で、外部大臣を歴任した。保護条約の受け入れを推進して、彼も「乙巳五賊」の一人とみなされていた。李完用が刺されたときは一時総理代理をつとめた。ほかには財政を担当する度支部大臣高永喜《コヨンヒ》(一八四九年生)、教育を担当する学部大臣李容稙《イヨンジク》(一八五二年生)、宮内府大臣閔丙奭《ミンビヨンソク》(一八五八年生)、農商工部大臣趙重応《チョジュンウン》(一八六〇年生)の四人がいた。高永喜は元日本公使で、純宗の治世の最初は度支部大臣であったのに、翌年には法部大臣となり、一九〇九年一〇月には再び度支部大臣にもどり、内部大臣も兼務していたが、同年一二月には兼務をやめている。器用なところが取りえなのだろう。学部大臣に前年にはじめて抜擢された李容稙は年齢は総理より上の古参の官吏であった。閔丙奭は甲申政変の後、亡命した金玉均《キムオッキュン》を追跡して日本に行き、殺害しようとして果たせなかったという過去をもつ。趙重応はもっとも年齢が若いが、法部大臣もやり、一九〇八年に現在のポストについた(46)。すでに外交権と軍権と警察権と司法権を放棄した結果、外部大臣、軍部大臣、法部大臣は存在しなかった。のこる五省では、日本人の次官がすべての省に任命され、行政の実権をにぎっていたので、大臣たちはもはやお飾りにすぎない存在になっていた。

内閣の諮問機関として中枢院があったが、その議長金允植《キムユンシク》（一八三五年生）は最年長の長老であった。彼は穏健開化派として一八七六年以来の朝鮮近代史のすべての事件に関わってきたが、一八九七年からは長く謹慎、流刑の処分をうけた。一九〇七年に許されて、首都にもどり、親日派として一九〇八年に公職に任じられたばかりであった。しかし、彼は民族団体、興士団《フンサ》の団長にもなっており、日韓合邦案を推進した宋秉畯と李容九《イヨング》を「誅する」ことを提案することもしていたので(47)、彼が日本の動きにどのように反応するかはわからなかったであろう。大臣たちのほか、御前会議に呼ばれるのは侍従院卿、承寧府総管、親衛府長官らであった。侍従院卿尹徳栄《ユンドッキヨン》（一八七三年生）は皇帝純宗の妃の父の兄弟であった。承寧府総管趙民熙《チョミンヒ》（一八五九年生）はフランス公使、日本公使をしたことがあった。親衛府長官李秉武《イビョンム》（一八六四年生）は軍隊解散を実施した最後の軍部大臣である。これらの人々に加わって興王の位を与えられた李熹《イヒ》は、大院君の長男で、高宗の兄である李載冕《イジェミョン》（一八四五年生）であった(48)。朝鮮近代史の黒幕ともいうべき人物である。果たして、これらの人々が寺内の工作に応じるかが問われたのである。

寺内、条約併合を要求

八月四日夜一〇時に統監府外務部長小松緑のもとを李完用首相の秘書をしていた文人で、新聞人の李人稙《イインジク》がひそかに訪問した。併合になることは覚悟しているが、どのような併合になるか、探りを入れに来たのである。小松は併合断行になるかどうかについては曖昧にしたが、日本はハワイやマダガスカルの併合のようなかたちで旧皇帝を処遇することはしないと語った。李は安心したようであったと小松は書いている。(49) 四日後の八月八日になって、李人稙はふたたび訪ねてきた。李完用につたえたところ、「一日も早く、時局を片付けた方が得策であらう」と言ったと語った。(50) 小松はこの旨を寺内に報告し、「談判開始の時機が熟したものと思はれる」と言い添えた。

寺内は韓国政府においても「合意的条約ノ締結ニハ殆ド異論ナキノ状アルヲ認メタ」と喜ぶ心境であった。条約調印ができない場合に発する宣言書はもはや不要になった。条約併合方式をとれるとの結論をえた寺内は、(51) この段階で、八月一三日小村に電報をおくり、条約併合方式を実行して、行動を開始することを通告した。

「予《かね》テ内命ヲ受ケ居レル時局ノ解決ハ来週ヨリ着手シタシ。別段ノ故障ナク進行スルニ於テハ其週末ニハ総テ完了セシメ度《たき》意見ナリ。就テハ在京中協議済ナル条約案ニ基ヅキ交渉ヲ開始スベキモ……(52)」

一三日は土曜日であったので、「来週ヨリ」とは、一五日からということである。寺内は、持参した条約案文に修正を加えることがあるかもしれないと予告した。連絡をうけた小村は、八月一四日、条約を締結すれば、国内的には枢密院に報告する必要があり、対外的には条約の内容を通告し、「既定ノ宣言」をなすことが必要になるので、調印と公布との間一週間程度あける必要がある、「併合ノ効力」は条約公布の日からとすることにしたいと伝えた。(53) このことは、寺内のソウルでの決断までは、小村にも条約併合でやるかどうかがわからなかったことを示している。

寺内は条約文の修正点を八月一四日に東京に知らせた。前文冒頭の文章、「日本国皇帝陛下及韓国皇帝陛下ハ韓国ノ現制ヲ以テ公共ノ安寧秩序ヲ保持スルニ不十分ナリト認メ根本的ニ之ヲ改善スルノ急務ナルコトヲ顧《おも》ヒ、且韓国人民ヲシテ永久ノ康寧ヲ享《う》ケ善政ノ徳沢ニ浴シ生命財産ノ完全ナル保護ヲ得セシメムコトヲ欲シ、此ノ目的ヲ達スルニハ全然韓国ヲ日本国ニ併合スル外ナキコトヲ確信シ」とあったものを「日本国皇帝陛下及韓国皇帝陛下ハ両国間ノ特殊ニシテ親密ナル関係ヲ顧ヒ、相互ノ幸福ヲ増進シ東洋ノ平和ヲ永久ニ確保セムコトヲ欲シ、此ノ目的ヲ達セムガ為ニハ韓国ヲ日本帝国ニ併合スルニ如《し》カザルコトヲ確信シ」と修正することを提案している。(54) 原案はあまりに露骨で、かつ高圧的であったので、もっと無難な、それだけに欺瞞的な言葉にかえたのである。

八月一五日に寺内は小村に条約第八条は調印即発効をさだめているので、「公布ノ日ヨリ効力ヲ生ズル」と修正するつもりかと質問している。小村は一六日に修正が必要だと回答している。(55)

寺内は八月一六日から本格的な活動を開始した。この日、寺内統監は統監邸へ李完用総理大臣をよびよせた。寺内はまず保護国の制度では「施政改善ノ目的」を達せられない、「両国相合シテ一体ト成リ」「政治機関ノ統一ヲ図ル」以外に道がないと切り出した。「併合ノ事タル古今ノ歴史ニ徴シ、其ノ例尠《すくな》カラズ、或ハ威圧ヲ以テ之ヲ断行シ、或ハ宣言書ヲ公布シテ協約ヲ用ヒザルモノアリ。然レドモ日韓従来ノ関係ニ顧《かえり》ミ……斯《かく》ノ如キ手段ニ訴フルハ甚ダ好マシカラザル所ナルガ故ニ、這般《しゃはん》ノ〔この〕時局解決ハ和衷協同ヲ以テ之ヲ実行シ……秋毫ノ隔意ヲ挟ムベカラザルヲ要ス。而シテ其ノ形式ハ合意的条約ヲ以テ相互ノ意思ヲ表示スルヲ妥当ナリト認ム[56]」

このように併合、条約併合を求めると主張したうえで、これを見てほしいと次のような覚書を渡した。そこには、(一)現皇帝、太皇帝、皇太子、皇族は「相当ナル尊称、威厳及名誉」、それを保つにたる歳費を受けられる、(二)勲功ある韓人には爵位をあたえる、(三)日本政府の統治において韓人の身体及財産を保護する、(四)新制度を尊重する韓人は官吏に任用する、などの方針が述べられていた。さらに李完用には閣議をとりまとめ、韓国皇帝に趣旨を言上し、条約締結のため全権委員を任命するよう奏請せよ、ふたりで条約を締結しようと述べられていた[57]。

以上は日本国を代表する者としての統監寺内の交渉であったと認められる。他方の李完用は話を聞き、覚書を一読して、一言の反論も述べなかった。韓国には「自ラ刷新スルノ力ナク、何レノ国ニカ倚《よ》ラザルヲ得ザルハ今更多言スルノ要ナク」、日本に併合されるのは当然だ、問題は「其形式」いかんであるので、何も言うことがないと述べた。ただ願うのは国号と皇帝の尊称についての配慮だけだとして、韓国という国号を残すこと、皇帝に王の尊称をのこすことを求めた。寺内は、太公殿下とよぶことにしているとして、王という称号を残すことを拒否した。李完用はこの点は農商工部大臣趙重応に交渉させたいと述べ、この日の会談を終えた[58]。ここまでは韓国を代表する総理大臣李完用の交渉だと認められる。

この日午後九時になって趙重応が寺内のもとを訪問した。趙重応は、一八九六年高宗がロシア公使館に逃げ込んで、金弘集《キムホンジプ》政府をつぶしたとき、日本に亡命し、農業技術を日本で学んだ。一〇年後に帰国し、統監府の嘱託農業技師として働き始め、李完用政府ができると、法部大臣に迎えられた。筋金入りの親日派である。趙は、李完用と協議してきて、国号だけは残してほしい、皇帝の尊称についても王をのこしてほしいと同じ主張を繰り返した。そこで寺内は国号は朝鮮とすることは変えないが、皇帝の尊称は「李王殿下」「太王殿下」とするとの妥協案を出した。趙はこれを受け入れた。(59) ここも交渉がおこなわれたことは間違いない。

八月一七日、寺内は皇帝の尊称問題についての譲歩案をみとめてほしいと東京に打電した。(60) 李完用は午前一〇時から大臣たちと協議を始めた。統監から聞かされた併合条約締結の話を協議したのである。この日の協議は午後八時までおこなわれたが、結論はえられなかった。李完用は寺内に「終日閣員ト協議シタルモ未ダ全員ノ同意ヲ得ルニ至ラズ」と報告し、自分の責任で閣議を統一すると誓っている。(61) すでに韓国政府を管理する統監に対する報告である。

寺内、条約文と全権委任の詔勅文を渡す

翌日一八日寺内は皇帝尊称の変更について小村から承認の返電をえたので、(62) 李完用をふたたび呼び、このことを告げた。そのうえで、寺内はこんどは条約案を提示して、説明をくわえた。さらに「韓国皇帝ハ内閣総理大臣ヲ条約締結ノ全権委員ニ任命セラルルヲ以テ正式ノ順序ト為スガ故ニ」、この「趣旨ニ依リ勅命ヲ発セラルベキ必要」があると言い渡し、皇帝が出すべき詔勅案

を渡したのである。(63)

この日の寺内の行動は、もはや外交交渉のそれではなく、韓国政府の行動を「監理指揮」する統監としての上意下達の命令である。

条約案は前文に「日本国皇帝陛下及韓国皇帝陛下ハ両国間ノ特殊ニシテ親密ナル関係ヲ顧ヒ、相互ノ幸福ヲ増進シ東洋ノ平和ヲ永久ニ確保セムコトヲ欲シ、此ノ目的ヲ達セムガ為」に「韓国ヲ日本帝国ニ併合スルニ如カザルコトヲ確信」して、この条約を締結するに至ったと記述されている日本政府案である。第一条には、「韓国皇帝陛下ハ韓国全部ニ関スル一切ノ統治権ヲ完全且永久ニ日本国皇帝陛下ニ譲与ス」、第二条には、「日本国皇帝陛下ハ前条ニ掲ゲタル譲与ヲ受諾シ且全然韓国ヲ日本帝国ニ併合スルコトヲ承諾」するとなっている。李完用は黙ってこれを受け取った。

全権委員委任の詔勅案は、寺内がソウルに来てから、統監府の官僚とともに起草したものと考えられる。「茲ニ韓国ノ統治ヲ挙ゲテ之ヲ朕ガ最モ信頼スル大日本皇帝陛下ニ譲与スルコトニ決シタリ。依テ必要ナル条章ヲ規定シ将来ニ於ケル我皇室ノ安寧並ニ生民ノ福利ヲ保障セムガ為メ内閣総理大臣李完用ヲシテ大日本帝国統監寺内正毅ト会同シ商議協定セシム」と命じる内容となっている。これは単なる条約交渉の全権委任状ではなく、皇帝が国の統治権を日本の天皇に譲ると決定し、そのための条約を寺内統監と結ぶように総理李完用に命ずるという韓国皇帝の詔勅である。それを統監寺内が書いて、李完用に渡したのである。ということは日本国家が韓国皇帝に併合してくださいと申し出よと命令したことにひとしい。李完用はいかなる異論もなくこれも黙ってうけとった。

韓国の大臣たちの態度

　この日一八日にも韓国側は大臣協議を行った。李完用はあらかじめ自分と同心の農商工部大臣趙重応を使って、内部大臣朴斉純と度支部大臣高永喜を説得させた。二人は簡単には併合をうけいれなかったと寺内は書いている。

　朴斉純は、外交畑で公使や大臣を歴任してきた。乙巳条約に調印した当人で、李完用につづく「五賊」の一人とみなされた人だったが、さすがに容易には併合はうけいれなかったのだ。高永喜も、日本公使をした人だが、独立協会創立の発起人にもなり、ハーグ密使事件で高宗が退位させられた時には、退位に反対した。彼が併合にただちに同意しなかったのも理解できる。しかし、二人は結局は併合を受け入れた。しかし、もう一人の大臣、学部大臣李容稙は併合にはあくまで反対した。李容稙は、地方官を歴任してきた人で、一九〇九年にはじめて親日派として認められ、大臣になった人物であった。彼はこの日の協議の席で「君《きみ》辱められれば臣死す」と叫んで、最後まで併合に反対した。それで、一八日の大臣協議はまとまらなかったのである。

　会議のあとで、李完用は今後の御前会議に李容稙を出席させないようにするため、日本の大水害見舞いのため彼を日本に派遣すると決定した。(64) この命令をうけると、李容稙は病気と称して、家にこもり、日本には行かなかった。しかし、唯一の反対派大臣は、以後の大臣協議に出られなくなった。(65)

一九日、李完用はさらに宮内府大臣閔丙奭、侍従院卿尹徳栄を招き、説得をこころみた。閔丙奭は、根っからの守旧派で、甲申事件のさいには、日本に金玉均を追いかけ、殺害せんとして、失敗した人である。彼がさほど抵抗したとは思われない。尹徳栄は純宗の妃の父の兄弟であった。李はこの二人を説得しようとしたが、機密が漏れることを恐れ、くわしく話をせず、「其ノ内意ヲ探ルニ止メ」た。「未ダ全ク其ノ同意ヲ得ルノ程度ニ達セザリシガ如シ」と寺内報告は書いている(66)。

さらに二〇日李完用は承寧府総管趙民熙を招き、「時局解決」のために働くよう注意した。趙は、フランスと日本の公使をした人物である。李完用は趙に求めて、親衛府長官李秉武、中枢院議長金允植、興王李熹らに寺内統監の話を伝え、同意をとりつけさせた(67)。李秉武は軍人で、軍隊解散のときの軍部大臣であった。その意味では、背骨を折られた大臣である。他方金允植は、七五歳の最長老で、簡単に屈服させることができる人ではなかった。しかし、これらの人はこのときはとくに反論しなかったと寺内は報告をうけた。

寺内、条約の裁可を本国に要請

ここまでの様子は寺内に報告された。寺内は事態を乗り切ることができるという実感をえたのであろう。この二〇日、寺内は東京の小村に報告し、要請している。

「時局解決ノ交渉ハ今日迄滞リナク進行シ、併合条約ニ対シ先方ニ於テ既ニ承認ノ意ヲ表シタルニ付明後二十二日ヲ以テ調印ヲ了スル見込ナリ」。そこであらかじめ条約の御裁可をいただきたい、と。

韓国政府からのそのような意志は表明されていないのにもかかわらず、そうなると決めて、スケジュールを速めて、併合をおしすすめようという態度である。

この要請をうけると、小村は二一日にただちに天皇に併合条約の裁可を奏上した。枢密院に諮詢されることになり、枢密院の会議は二二日の午前一〇時開会と決定された(68)。小村はこの時点で、イギリスに対して、条約文と宣言書の英訳文を送り、日本の併合方針をつたえるように駐英大使に訓令を発している。また在清国の大使にも清国政府に伝えるべき条約と宣言文が送られている(69)。

八月二二日、併合条約調印の日

八月二二日午前一〇時、寺内は宮内府大臣閔丙奭、侍従院卿尹徳栄を統監官邸に呼び、この日の御前会議で皇帝は条約締結の決意を「宣示」し、内閣総理大臣を全権委員に任命しなければならないと言い渡した。そして、この「最モ重要ナル手続」を確実に実施するように皇帝に奏上するように要求した。二人はそのような責任をとることは困難だと言って、拒んだ。しかし、寺内がなおも強く要求すると、ついに屈服した。二人は寺内の「忠告ヲ了承シ」、ただちに参内し、上奏すると言った。寺内はこの二人は信用できないと考え、統監秘書官国分象太郎を同行させることにした。国分は日清戦争のころから公使館で通訳として働いてきたベテランである。

閔と尹は国分につきそわれて、昌徳宮へ向かった。午前一一時二人は皇帝に拝謁し、三〇分間上奏をおこなった。純宗がどのような言葉を発したかは知られていない。結果的に、純宗は午後一時に御前会議を開催せよとの勅命を発した[70]。

他方李完用首相はこの日午前一一時「統治権譲与に関する詔勅案」を「閣議決定し」、成案をえたので、「閣下の承認を要す」という文書をつくり、統監のもとに送った[71]。この「統治権譲与に関する詔勅案」は寺内からうけとった全権委任状をハングル文に書き換えたものである。むすびに「諸臣이亦朕意의確断한바를体하야奉行하라（諸臣はまた朕の意の確断するところを体して奉行せよ）」という言葉を加えたのは、この文章が大臣たちの服従を求めることをねらったものであることを意味している。もとより閣議決定したというのは完全なる虚偽であった。李完用はこの文書を他の大臣にも見せていない。寺内は李完用のこの偽のお伺いにたいして、「右及承認候也」と書いて、返した。寺内が寺内の文章を承認したのである。

午後一時、李完用は朴斎純、高永喜、趙重応とともに昌徳宮に参内した。やがて李秉武も参内した。さらに遅れて、興王李熹と金允植が到着した。金允植が興王の誕生祝いの会に参席していたところ、興王と金允植に対して召命があったので、急いで家へ帰って服装を改めて宮殿に来たものである。午後二時に純宗が閔丙奭、尹徳栄とともに内殿に姿をあらわした。

会議が始まった。李完用首相が事態を説明した。純宗は黙って、全権委任状に自らの名を記し、国璽を印させて、李完用に与えた。ここで李完用は初めて併合条約文を披露し、逐条説明をおこなった。

会議出席者の反応は、金允植の日記『続陰晴史』に短く記されている[72]。「諸臣は、互いに顔を見合わせて、色を失った」。興王李載冕は「罔極《マングク》（悲しい限りだ）」と言った。「罔極（망극）」は「亡

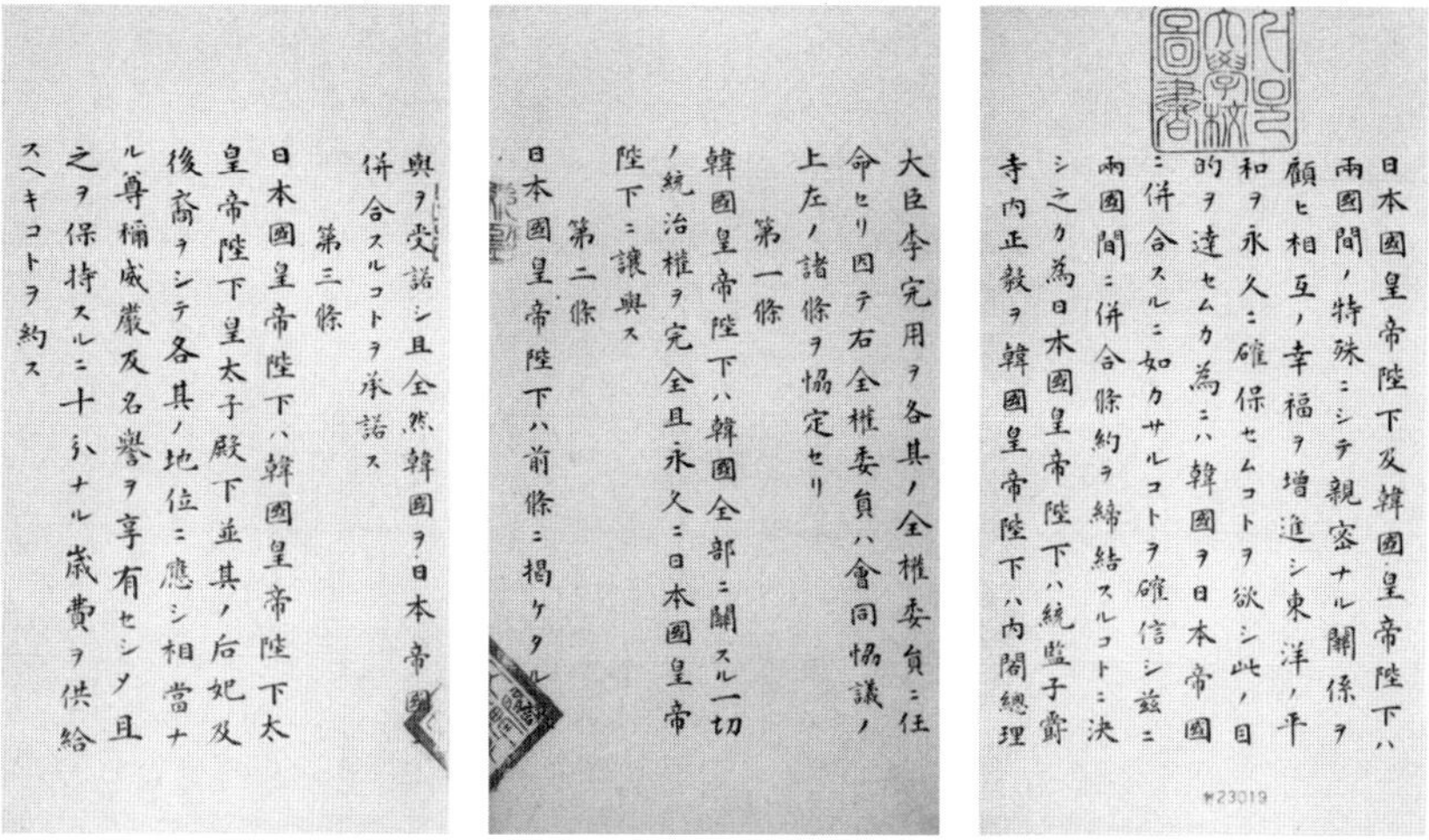
日本國皇帝陛下及韓國皇帝陛下ハ兩國間ノ特殊ニシテ親密ナル關係ヲ顧ヒ相互ノ幸福ヲ増進シ東洋ノ平和ヲ永久ニ確保セムコトヲ欲シ此ノ目的ヲ達セムカ為ニハ韓國ヲ日本帝國ニ併合スルニ如カサルコトヲ確信シ茲ニ兩國間ニ併合條約ヲ締結スルコトニ決シ之カ為日本國皇帝陛下ハ統監子爵寺内正毅ヲ韓國皇帝陛下ハ内閣總理大臣李完用ヲ各其ノ全權委員ニ任命セリ因テ右全權委員ハ會同協議ノ上左ノ諸條ヲ協定セリ

第一條

韓國皇帝陛下ハ韓國全部ニ關スル一切ノ統治權ヲ完全且永久ニ日本國皇帝陛下ニ讓與ス

第二條

日本國皇帝陛下ハ前條ニ掲ケタル讓與ヲ受諾シ且全然韓國ヲ日本帝國ニ併合スルコトヲ承諾ス

第三條

日本國皇帝陛下ハ韓國皇帝陛下太皇帝陛下皇太子殿下並其ノ后妃及後裔ヲシテ各其ノ地位ニ應シ相當ナル尊稱威嚴及名譽ヲ享有セシメ且之ヲ保持スルニ十分ナル歳費ヲ供給スヘキコトヲ約ス

図 1 「韓国併合条約」日本語本（ソウル大学奎章閣韓国学研究院蔵，李泰鎮他編『条約で見る韓国併合』250，253 頁）

国（망국）」と音が近いので、あるいは「亡国《マングック》だ」と言ったのかもしれないと糟谷憲一氏は見る。李完用首相は「成り行きからどうしようもないのだ」と弁明した。金允植は一人、「不可だ」と明言した。「不可」とは、「反対だ」という意味である。「他の大臣はみな無言であった」

皇帝が発した言葉は何一つ記録されていない。国分統監秘書官がこの席にも座を占め、一切を見守り、統監に報告した(73)。

金允植は日記に「退闕《けつ》、道路気色凄惨（宮殿を下がる。道路の景色は凄惨であった）」と書いている。まだ八月の太陽は空にあり、明るかった。しかし、国が併合され、亡国が決まったあとでは、見なれた昌徳宮の大門、敦化門までの道、その先の街頭の光景がこの世のものとは思えない異様な別世界とみえたのである。

午後四時、李完用首相は純宗の署名した詔勅、全権委任状をもって、寺内の待つ統監邸へ赴いた。寺内は、この文書に目を通し、「其ノ完全ニシテ妥当ナルヲ承認」したと書いている。自分がつくって渡した文書に承認を与えるのはこれが二度目である。承認したとはあまりに欺瞞的である。このとき寺内の方は彼が示すべき全権委任状を提示していない。

ここで寺内は「時局解決ガ斯《こ》ノ如ク静粛且円満ニ実行セラルルハ双方ノ幸福ニシテ最モ祝スベキ」ことだと挨拶した。それから寺内と李完用の二人は併合条約二通、日本語版とハングル版に署名した。寺内は「統監子爵寺内正毅」と署名し、李は「内閣総理大臣李完用」と署名した[74]。条約文はどちらも統監府の側で用意したものであった。

結局のところ、併合条約の調印とは、対等な条約を結ぶ資格をもたない者同士、支配国の代表者とその指揮監督をうける被支配国の役人が演じた条約調印の演劇、芝居であった。統監寺内があらためて全権委任状を提示せずとも日本国家の代表者であったことはまぎれもない。その彼が署名した。そこまではたしかである。しかし、他方で署名した大韓民国総理大臣李完用は、この国の外交と内政を指揮する統監寺内の命令にしたがって、その許可をうけて、寺内から与えられた皇帝の全権委任状の勅書に皇帝の署名と玉璽をえて、寺内のもとを訪問し、寺内からあたえられた併合条約に署名した。署名はたしかに自分の手でしたのだが、すべては寺内統監の命令、指示によっておこなったのであるから、李は寺内のエイジェントにすぎない。だからこの条約締結なるものは、寺内が寺内と署名した一人二役の演劇、一人芝居にほかならないのである。こんなものは、どこからみても、「両者の完全な意思、平等の立場において締結された」ものとは言えず、「効力を発生してまいった」と言うこともできない。統監寺内が署名しているので、統監の口上書、声明であると言えば通るかもしれないが、条約としては到底認められない。

寺内は調印のあと、「併合条約及両国皇帝陛下ノ詔勅ハ総テ双方打合ノ上同時ニ公布スルコト」、「右条約及詔勅ハ何時ニテモ公布シ得ラレル様直ニ必要ナ手続ヲ為シ置クコト」の二点を記した「覚書」にも李完用に署名させた。(75) 李泰鎮氏は、これが批准書の代わりとされたものだと主張したことがあったが、公布発効は条約そのものに書いてあることでいまさらいうまでもない。この覚書の意味は韓国皇帝の詔勅を用意し、条約公布と同時に発表することを李完用に約束させたところにあった。

韓国皇帝の詔勅問題

韓国皇帝の詔勅については李泰鎮氏が日本側がすべてお膳立てをしたと主張したことがあり、それに対して海野氏は韓国側の修正があったことから、詔勅は韓国側が作成したものと主張した。海野氏が発見した資料は次のようなものである。

寺内は調印五日後の八月二七日になって、午後二時三〇分、「日韓併合ニ関スル韓皇詔勅文ハ別紙ノ通リ決定シ、本日御裁可ヲ経テ来ル二十九日、併合条約ト共ニ発表セラルル筈」として、小村のもとに文案をおくった。電報五〇号である。だが、それから四時間二〇分後、寺内は「前電皇詔勅文、左ノ通《とおり》修正セラレタリ」として、新しい文案を送っている。これが電報五一号である。(76)

第一電で送られたものは、統監府が自信をもって決定した詔勅文であったはずである。それが、数時間後に修正されたとすれば、韓国側から重大な修正要求が出たとしか考えられない。とすると、最初の案も最後の案もともに統監側で作成した案であったことになるが、最初の案に対して、韓国政府の閣僚があまりに屈辱的だと反発し、受け入れなかったので、手直しをせざるをえず、確定案をまとめて、第二電となったと推定できる。自信満々で本国に送った文案を寺内が直後に修正するはずはなく、やむをえず修正を求めなければならない事情が生まれたとすると、韓国側が抵抗したためだと考える以外にない。ということは李泰鎮氏の日本側捏造説を批判するために海野氏が発見した寺内の電報がかえって、韓国皇帝の詔勅を統監側がつくっていたことを証明するものであったということである。

資料では、アジア歴史資料センターの韓国併合書類の中に「韓帝詔勅文(寺内統監ヨリ再電アリタル分)」として、日本文がおさめられている。それは『日本外交文書』第四三巻第一冊に収録されているものと同文である。これが最終的に漢字とハングルがまじった韓国皇帝の「勅諭」となるのである。このオリジナルは李泰鎮氏らの二〇一〇年資料集に収められている。

まず寺内が送った日本文の「韓帝詔勅文」を示そう。

朕否徳ニシテ艱大ナル業ヲ承《う》ケ、臨御以後今日ニ至ル迄、維新ノ政令ニ関シ丞図シ試備シ用力未ダ嘗テ至ラズムバアラズト雖、由来積弱痼ヲ成シ、疲弊極処ニ到ル。時日間ニ挽回ノ施措望《のぞみ》ナシ。昼夜憂慮善後策茫然タリ。之ニ任ジ支離益甚シケレバ自ラ終局収拾シ得ザルニ底《いた》ラン。寧《むし》ロ大任ヲ人ニ託シ完全ナル方法ト革新ナル功効ヲ奏セシムルニ如カズ。故ニ朕茲《ここ》ニ於テ瞿然内ニ省ミ廓然自ラ断ジ、茲ニ韓国ノ統治権ヲ従前ヨリ親信依仰シタル隣国大日本皇帝陛下ニ譲与シ、外東洋ノ平和ヲ鞏固ニシ内八域ノ民生ヲ保全セムトス。惟《おも》フニ爾大小臣民国勢ト時宜ヲ深察シ、煩擾スルコト勿《な》ク各其業ニ安ンジ日本帝国ノ文明新政ニ服従シ幸福ヲ共受セヨ。朕ノ今日此ノ挙ヤ爾有衆ヲ忘ルルニ非ラズ。亶《もっぱ》ラ爾有衆ヲ救活セムトスルノ至意ニ出ヅ、爾臣民等ハ朕ノ此意ヲ克《よく》体セヨ

次に最終発表されたハングル文の皇帝「勅諭」を示そう。

　皇帝若曰朕이否德으로艱大한業을承하야臨御以後로今日에至로록維新政令에関하야丞図하고備試하야用力이未嘗不至로되由来로積弱이成痼하고疲弊가極処에到하야時日間에挽回할施措無望하서中夜憂慮에善後할策이茫然하지좌此를任하야支離益甚하면終局에収拾을不得하기에自底할진則無寧히大任을人의게托하야完全할方法와革新할功効를奏게함만不如한故로朕이於是에瞿然히内省하고廓然히自断하야茲에韓国의統治権을従前으로親信依仰하든隣国大日本皇帝陛下긔譲与하야外으로東洋의平和를鞏固게하고内으로八域의民生을保全게하노니惟爾大小臣民은国勢와時宜를深察하야勿為煩擾하고各安其業하야日本帝国文明新政을服従하야幸福을共受하라。朕의今日此挙는爾有衆을忘함이아니라爾有衆을救活하자하는至意에亶出함이니爾臣民等은朕의此意를克体하라(77)

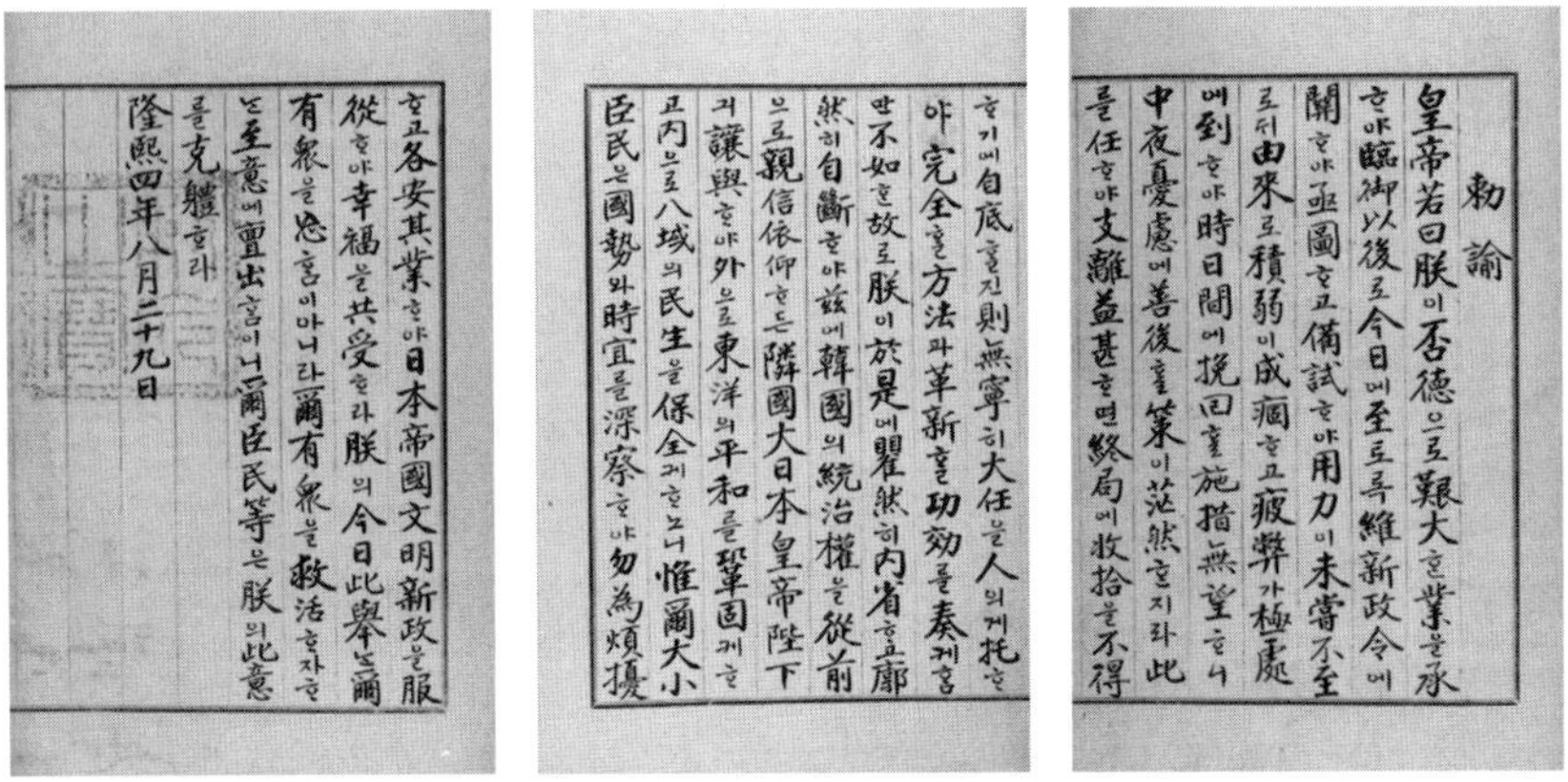
勅諭
皇帝若曰朕이否德으로艱大한業을承하야臨御以後로今日에至하도록維新政令에關하야亟圖하고備試하야用力이未嘗不至로되由來로積弱이成痼하고疲弊가極處에到하야時日間에挽回할施措無望하니中夜憂慮에善後할策이茫然한지라此를任하야支離益甚하면終局에收拾을不得하기에自底할진則無寧히大任을人에게托하야完全할方法과革新할功效를奏케함만不如한故로朕이於是에瞿然히内省하고廓然히自斷하야玆에韓國의統治權을從前으로親信依仰하든隣國大日本皇帝陛下게讓與하야外으로東洋의平和를鞏固케하고内으로八域의民生을保全케하노니惟爾大小臣民은國勢와時宜를深察하야勿爲煩擾하고各安其業하야日本帝國文明新政을服從하야幸福을共受하라朕의今日此擧는爾有衆을忘함이아니라爾有衆을救活하자하는至意에出함이니爾臣民等은朕의此意를克體하라
隆熙四年八月二十九日

図2　韓国皇帝の「勅諭」(ソウル大学奎章閣韓国学研究院蔵，李泰鎭他編『条約で見る韓国併合』282，283頁)

これをみると、詔勅案の日本文がもとでハングルまじりの漢文に直訳して勅諭ができたとの推定がなりたつ。

八月二七日夜から二八日中、皇帝純宗に対して、この修正した詔勅に署名し、国璽を押すように説得がなされたのであろう。しかし、皇帝は署名をしなかった。のちに一九二六年純宗は元宮内府大臣趙鼎九《チョチョング》に遺詔を口述した。それが、米国での新聞『新韓民報』一九二六年七月八日号に掲載された。そこで純宗は「過去の併合認准は強隣が逆臣の群れと合わさり、勝手に行い、勝手に宣布したものであり、全て朕が行ったものではない」と述べている[78]。この記事を発掘した李泰鎮氏はこれは信ずべき告白だとみなしている。

皇帝が署名を拒否したため、国璽を押すことができなくなった。そこで、「詔勅」という最も重い形式をとることができず、一般の行政命令である勅令に準ずるものとし、署名を欠いても、国璽ではなく「勅命の宝」という御璽を押せば済むとして、「勅諭」とよぶことにしたものと考えられる。「勅命の宝」の御璽は一九〇七年七月以降、統監府が保管していたので、これを押すことはまったく問題がなかったのである。

韓国側にのこる資料によれば、八月二九日になって、李完用は韓国皇帝の「勅諭」案を決定したので、承認を乞うという文書を寺内におくっている。「詔勅」が「勅諭」とあらためられている。寺内はただちに承認するとの回答を出している。

「勅諭」の文章は自虐的なほど卑下した韓国皇帝の降伏宣言となっている。起草者は韓国皇帝を徹底的に無能者よばわりして辱めているのである。

結局のところ、併合条約締結の芝居の中で、寺内統監は韓国皇帝の名で、日本の天皇に「韓国ノ統治ヲ挙ゲテ之ヲ朕ガ最モ信頼スル大日本皇帝陛下ニ譲与スルコトニ決シタリ」(皇帝の詔勅)、「韓国皇帝陛下ハ韓国全部ニ関スル一切ノ統治権ヲ完全且永久ニ日本国皇帝陛下ニ譲与ス」(条約正文)、「韓国ノ統治権ヲ従前ヨリ親信依仰シタル隣国大日本皇帝陛下ニ譲与シ」(皇帝の勅諭)と三度表明させたのである。すべて寺内の側が作文したものを皇帝の名で、皇帝政府の名で発表させたのであった。

日本国家が韓国全土を軍事占領した力により、韓国を強制的に併合したことは不義不当なことであったが、その併合を韓国皇帝が願い出たので、日本の天皇が承諾して、実行したものだという虚偽の物語を条約という文書を中心に重ねて説明したことも併合の事実以上に重大な、朝鮮民族を辱めた不義不当な行為であったのである。

V　併合の宣布

天皇の併合詔書

日本国家としては、併合は自らの決定であり、意志の実現であった。だから、一九一〇年八月二九日に政府が発表した「韓国併合詔書」がもっとも重要な文書であった。同日の『官報』号外では真っ先に、翌日の一般新聞では紙面中央に、御名御璽と大臣連署とともに以下の詔書が発表された。

朕、東洋ノ平和ヲ永遠ニ維持シ帝国ノ安全ヲ将来ニ保障スルノ必要ナルヲ念《おも》ヒ、又常ニ韓国ガ禍乱ノ淵源タルニ顧ミ、曩《さき》ニ朕ノ政府ヲシテ韓国政府ト協定セシメ、韓国ヲ帝国ノ保護ノ下ニ置キ、以テ禍源ヲ杜絶シ平和ヲ確保セムコトヲ期セリ。爾来、時ヲ経ルコト四年有余、其ノ間、朕ノ政府ハ鋭意韓国施政ノ改善ニ努メ、其ノ成績亦見ルベキモノアリト雖韓国ノ現制ハ尚未ダ治安ノ保持ヲ完《まっとう》スルニ足ラズ。疑懼《ぎく》ノ念、毎《つね》ニ国内ニ充溢シ、民其ノ堵《と》ニ安ゼズ。公共ノ安寧ヲ維持シ、民衆ノ福利ヲ増進セムガ為ニハ、革新ヲ現制ニ加フルノ避ク可ラザルコト瞭然タルニ至レリ。

この部分は六月に承認された「詔勅案」のままであった。だがその先は、案文にあった条約を結んだことをふまえた天皇と韓国皇帝とのやりとりの件《くだり》を完全に除去して、次のようになっている。

朕ハ韓国皇帝陛下ト与《とも》ニ、此ノ事態ニ鑑ミ、韓国ヲ挙テ日本帝国ニ併合シ、以テ時勢ノ要求ニ応ズルノ已ムヲ得ザルモノアルヲ念ヒ、茲ニ永久ニ韓国ヲ帝国ニ併合スルコトトナセリ。

わずかに「韓国皇帝陛下ト与ニ」という言葉だけを入れただけで、条約を結んだことを完全に無視して、日本政府の意志による併合を強調する文章に修正したのである。

韓国皇帝陛下及其ノ皇室各員ハ併合ノ後ト雖相当ノ優遇ヲ受クベク、民衆ハ直接朕ガ綏撫《すいぶ》ノ下ニ立チテ、其ノ康福ヲ増進スベク、産業及貿易ハ治平ノ下ニ顕著ナル発達ヲ見ルニ至ルベシ。而シテ東洋ノ平和ハ之ニ依リテ愈々《いよいよ》其ノ基礎ヲ鞏固ニスベキハ、朕ノ信ジテ疑ハザル所ナリ。

朕ハ特ニ朝鮮総督ヲ置キ、之ヲシテ朕ノ命ヲ承ケテ陸海軍ヲ統率シ、諸般ノ政務ヲ総轄セシム。百官有司、克ク朕ノ意ヲ体シテ事ニ従ヒ、施設ノ緩急其ノ宜《よろし》キヲ得、以テ衆庶ヲシテ永ク治平ノ慶ニ頼ラシムルコトヲ期セヨ。

御名　御璽

明治四十三年八月二十九日

内閣総理大臣兼大蔵大臣　侯爵　桂太郎

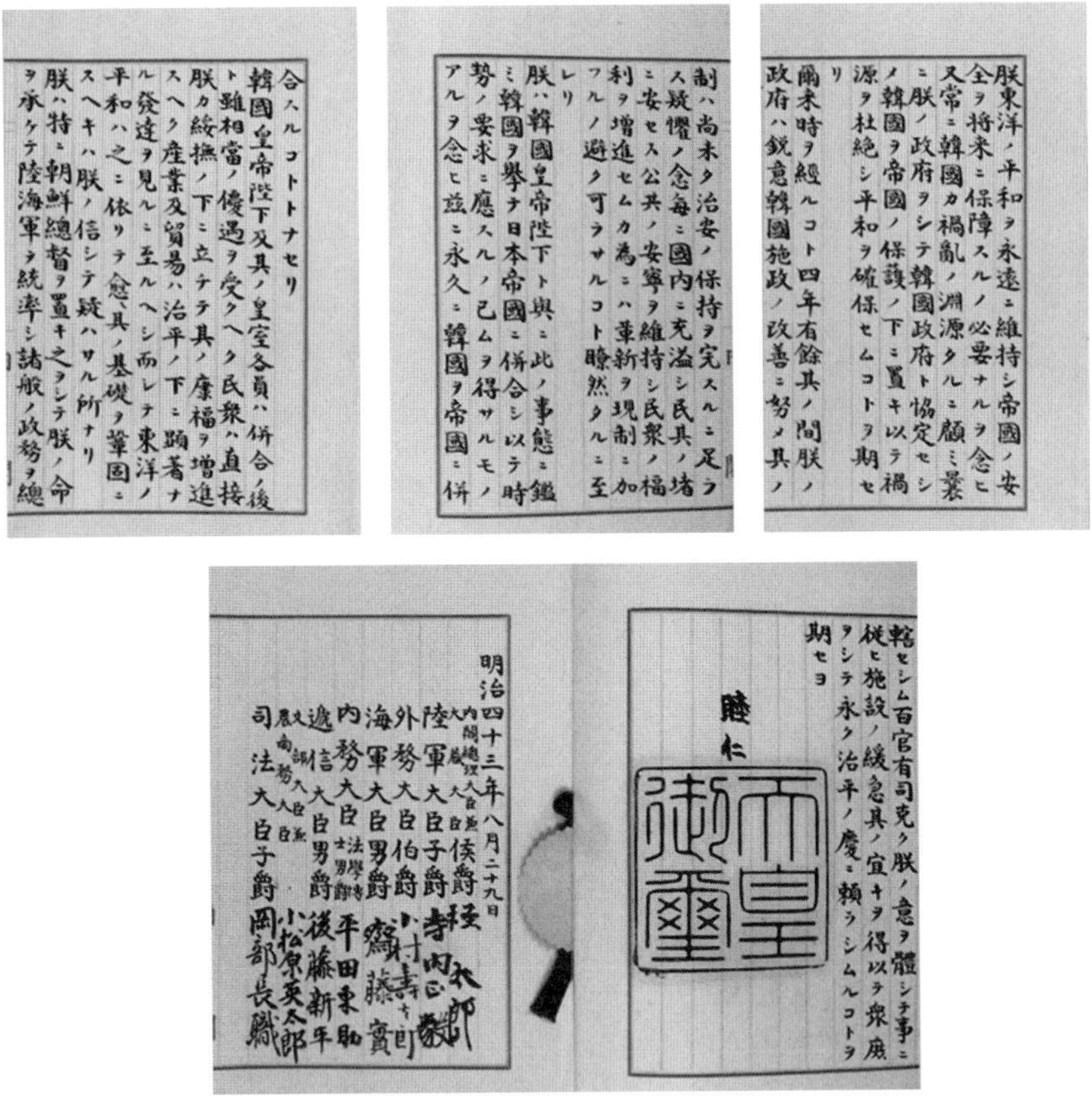

図 3　韓国併合「詔書」(李泰鎭他編『条約で見る韓国併合』290, 291 頁)

陸軍大臣　子爵　寺内正毅
外務大臣　伯爵　小村寿太郎
海軍大臣　男爵　斎藤実
内務大臣　法学博士　男爵　平田東助
逓信大臣　男爵　後藤新平
文部大臣兼農商務大臣　小松原英太郎
司法大臣　子爵　岡部長職[79]

韓国にいる寺内がいつこの詔書原本に署名したのかは定かではない。しかし、寺内にとっては、統監として人を欺くための併合条約に署名したことよりは、この併合詔書の天皇の署名に連署したことの方がはるかに重要な意味ある行為であったのである。寺内は日本国家の代表、韓国政府の外交内政の責任者の二役をつとめただけでなく、天皇の併合詔書にも陸軍大臣として連署したことにより、一人三役の離れ業を演じたのである。寺内の一人芝居の完成である。

日本帝国は、この詔書によって、韓国併合を宣布し、天皇の大権による植民地支配を実現していくのである。この詔書が日本の植民地支配の法的根拠となった。

この詔書とともに、大赦と当年の税の減免についての詔書、朝鮮貴族令発布の皇室令が出された。

ついで『官報』号外二号に併合条約が公表され、あわせて韓国と条約を結んでいた一〇カ国向けの「韓国併合ニ関スル宣言」が発表された。ここでは、「一ノ条約ヲ締結セシメ全然韓国ヲ日本帝国ニ併合スルコトトナセリ」、「日本帝国政府ハ同条約ノ結果朝鮮ニ関スル統治ノ全部ヲ担当スルコトトナレル」という文言で、併合条約締結がふれられている。さらにその他の一四カ国に対する宣言も付け加えられている。そこでも「条約ニ依リ韓国ハ日本国ニ併合セラレ」とある。(80) 対外的には条約によって併合したと説明する形になっている。条約が併合を対外的に説明するために使われたのは間違いない。

列国は日本の韓国併合をいかなる意見も述べることなく、承認した。この宣言で述べられた条約を結んで併合したという説明には特別の意味を与えなかった。日本国家の意志で韓国併合をしたということをそのまま受け入れたと言っていいのである。これが帝国主義世界の現実であった。

小村外相の併合発表

外相小村寿太郎は二九日午前八時に記者を集め、一場の演説をおこなった。小村は、併合までの「顚末」を率直に語っている。日本政府は「昨年七月韓国併合の方針を確定し」、情勢により必要となれば「断然之を決行すべきことに決定」した。寺内統監は、八月一六日から韓国側と会い、日本政府の方針を説明し、会合を重ねて、韓国側に併合やむなしと受け入れさせた。「日韓両国政府の意志の全然一致」をみたので、統監は二〇日夜日本政府に併合条約案の裁可をもとめた。天皇が二二日に枢密院の議をへて裁可を与えると、日本政府は統監に「条約調印を認許」した。「韓国政府に於ても亦同廿二日を以て条約案を韓国皇帝陛下に奏呈し其の御裁可を請ひたる」

ところ、条約案のご裁可がえられたので、「同日……併合条約の調印を了するに至れり」[81]。小村は韓国皇帝に条約文をみせたのが調印の当日であったことを隠さずに語ったのである。併合を日本側から韓国に強要したことを隠す気持ちは全然なかったのである。

併合の反響

八月三〇日の日本の新聞各紙は、併合を大々的に報じた。『朝日新聞』の一面は広告欄だが、そこには『独学韓語大成』と『韓語通』という二冊の本を宣伝する丸善の広告がトップに載っている。

「朝鮮に行け、朝鮮に行け、朝鮮は最早外国に非ざる也」「朝鮮は閉ざされたる宝庫也。今や此宝庫の富は諸君に提供せられて諸君の腕次第割取するに任す」とある。

二面の最上段には「李王告別辞」として皇帝純宗の「勅諭」が載せられ、寺内の「諭告」が続いている。二面の中央には韓国併合詔書がある。三面には社説「朝鮮」が載っているが、それは詔書の解説にすぎない。社説の次に条約がくる。この面の中央は日本帝国の新しい地図である。

韓国でも、八月二九日に新聞の号外や告示の張り出しなどで、併合が知らされた。大韓帝国はこの地上から消滅し、日本帝国に繰り込まれた地域は以後朝鮮と呼ばれることが告示された。金允植の日記には、文書が次の順で書きうつされている。まず皇帝二二日の詔勅（全権委任状）、皇帝二九日の「勅諭」、条約正文、日本天皇の「詔書」である。そして、このほかに「統監訓令諭告もある」と書いている[82]。

寺内が統監として発した「諭告」は次のような内容であった。

本官大命を奉じて朝鮮統轄の任に当る。茲に施政の要領を示し、上下に諭告する。日本天皇陛下は朝鮮の安寧を保障し東洋平和を維持する為め、前韓国君主の希望を容れ、韓国を併合す。爾後前韓皇は昌徳宮李王殿下と、韓太子は王世子垠殿下と……称し皇族の礼遇を賜ふ。……賢良の臣僚は栄爵を賜ひ其才能に応じ帝国官吏に登用す。(83)

併合発表の日の韓国は日本軍の厳戒態勢のもと、完全に平静が保たれた。軍の報告書は「京城及龍山ニ於テハ韓人ハ掲示板ノ下ニ群集シテ勅語其ノ他ヲ閲読シ三々伍々集リテ囁《ささや》クモノアリト雖概《おおむ》ネ平日ト異ルコトナク従テ警備配置ヲ執ルノ必要ナキヲ感ゼシメタリ」とのべている。国内各地も「概シテ平穏ナリ」と書かれている。(84)

だが、亡国の非運を嘆いた人々の中からは併合に抗議して自決する人が出た。朴殷植《パクウンシク》の『朝鮮独立運動の血史』はその数は二八人に上ったと書いている。(85) その中には元駐露公使李範晋《イボンジン》もいたし、詩人黄玹《ファンヒョン》(号梅泉《メチョン》)もいた。アヘンを呑んで死んだ梅泉が手帳にのこした絶命詩四首が知られている。第三首をここに引く。

鳥獣は哀鳴し、海岳も眉をひそむ、
槿花の世界已に沈淪す、

秋燈巻を掩い千古を懐う
人間《じんかん》に識字の人作り難し(86)

日本の側では二首の和歌が知られている。その第一は統監寺内正毅が酒宴でよんだ歌である。

小早川　小西加藤が世にあらば　今宵の月を　いかにみるらむ

寺内は一〇月一日陸相兼任のまま初代朝鮮総督に就任する。

いま一首は東京で、併合をつたえる新聞の紙面をみながら、若い詩人石川啄木がよんだ歌である。

地図の上　朝鮮国にくろぐろと　墨をぬりつつ　秋風をきく

九年後

併合を承認した旧韓国政府の閣僚たちには全員に子爵の位が与えられた。金允植は抵抗したが、のがれられなかった。高宗と純宗にもとめられて、彼は子爵位をうけた。さらに中枢院副議長の任命を受けたのだが、それだけはと辞退し、以後仕事には出なかったと言われる(87)。併合に反対して、日本行きを命令されたが、病気を理由に家を出なかった李容植も子爵位を与えられた。

そのときから九年後の、一九一九年三月一日、朝鮮の全土を民衆、知識人の独立運動がおおった。京城と改称されていた都市の公園で、民族代表三三人が署名した独立宣言が読み上げられた。

「われらはここに、わが朝鮮国が独立国であること、および朝鮮人が自由の民であることを宣言する」

この巨大な運動の中で、蟄居中の金允植が李容稙と語らい、連名で日本国首相原敬あてに手紙を送ったことが知られている。

「日韓合邦、茲に十年、興利祛弊、多少の改良ありといえども、いまだ之《これ》安民と謂《い》うべからず。近者独立の声、街上に一唱すれば、万衆同声これに和す。旬日のうち全国に波動し、婦女孺子《じゅし》に至る」

「目今解決の策、説諭の所、返すことはできず、威力の所、服することもできない。ただ在上順天の時、民情を下察し、自ら日本が先じて朝鮮の独立を認め、以て廓然大公の義を天下に示すのみ(88)」

二人は逮捕され、取り調べをうけたが、予審で釈放となった。裁判の結果、執行猶予三年の判決をうけ、爵位を剝奪されたという。

おわりに

安倍晋三首相の戦後七〇年談話の冒頭部分は、「〔日本は〕アジアで最初に立憲政治を打ち立て、独立を守り抜きました。日露戦争は、植民地支配のもとにあった、多くのアジアやアフリカの人々を勇気づけました」というものであった。これを読んで、やはり首相は、日露戦争の結果、韓国を併合し、植民地にしたということを考えたくないのだなと感じたのであった。

二〇一九年になって、首相の友人として知られる百田《ひゃくた》尚樹氏の本、『日本国紀』の評判を聞き、手に取ってながめると、「韓国併合」の章が目に入った。「韓国併合は武力を用いて行なわれたものでもなければ、大韓帝国政府の意向を無視して強引に行なわれたものでもない。あくまで両政府の合意のもとでなされ、当時の国際社会が歓迎したことだったのである。もちろん、朝鮮人の中には併合に反対する者もいたが、そのことをもって併合が非合法だなどとはいえない」

私はこの文章を読んで、心が冷える思いがした。併合について語るなら、寺内正毅の併合報告書を読まなければならないのだが、あの資料を読めば、こんなことは書けないはずである。

日韓条約は過去五〇年両国の関係を支えてきた重要な条約だということに同意する。それほどに重要な条約であれば、歴史にかんする第二条の解釈の分かれを永久に放置しておくことはできない。この問題を解決するには歴史を調べることが必要になる。本書を読んでくださった方がこの問題にどのような答えをお出しになるだろうか、著者としては気になっている。

注

（1）田中慎一「保護国問題――有賀長雄・立作太郎の保護国論争」『社会科学研究』第二八巻第二号、一三八―一三九、一四六頁。
（2）李主先「「保護国」体制下における大韓帝国の外交主権」『歴史学研究』二〇一〇年五月号（八六六号）、一六―一七頁。これは同氏の名古屋大学提出博士論文「帝国日本の「保護国」」（二〇一〇年）の一部である。
（3）Boris D. Pak, *Rossiia i Koreia*, Moscow, 2004, p. 392.
（4）『日本外交文書』第四〇巻第一冊、一〇五頁。
（5）同右、一〇九頁。
（6）同右、一一六頁。
（7）同右、一一八頁。
（8）同右、一五五―一五六頁。小川原宏幸『伊藤博文の韓国併合構想と朝鮮社会』岩波書店、二〇一〇年、一三六―一三九頁。
（9）『日本外交文書』第四〇巻第一冊、一二九頁。
（10）同右、一七四頁。
（11）李泰鎮・李相燦編『条約で見る韓国併合――不法性の証拠』（ハングル）東北亜歴史財団、二〇一〇年、一八五―一八六頁。
（12）同右、一九二―一九三頁。
（13）See K. B. Vinogradov, *Bosniiskii krizis 1908-1909 gg.* Leningrad, 1964. V. I. Bovykin, *Ocherki istorii uneshnei politiki Rossii. Konets XIX veka-1917 goda.* Moscow, 1960, pp. 70-89.
（14）小松緑「朝鮮併合之裏面」『明治人による近代朝鮮論』第一六巻、ぺりかん社、一九九七年、四三七頁。倉知鉄吉「韓国併合の経緯」同右、七四六―七四九頁。
（15）『日本外交文書』第四二巻第一冊、一七九―一八〇頁。
（16）外務省編『小村外交史』原書房、一九六六年、六一二―六一三頁。海野福寿『韓国併合史の研究』岩波書店、二〇〇〇年、一八七頁。
（17）『日本外交文書』第三八巻第一冊、五二七頁。
（18）*Pod stiagom Rossii. Sbornik arkhiunykh dokumentov.* Moscow, 1992, pp. 238-247, 259-262.
（19）公文別録・韓国併合ニ関スル書類（アジア歴史資料センター RefA03023677700）、一五、「国家結合及国家併合類例」四六―五一頁。

(20)　小松、前掲書、四三八頁。

(21)　公文別録・韓国併合ニ関スル書類、六、「韓国併合ニ関スル閣議決定書・其三」。この資料群に最初に注目した尹大遠氏は、この資料の頭記を正しく読んだが、それを「一九〇九年秋以降閣議で決定された」と解釈する(尹大遠『寺内正毅統監の強制併合工作と〝韓国併合〟の不法性』(ハングル)ソミョン出版、二〇一一年七月、六〇頁)のに賛成できない。

(22)　『小村外交史』八四一—八四三頁。海野、前掲書、三五〇頁は、小村意見書が閣議決定されたとする。

(23)　『公爵桂太郎伝』坤巻、四六〇—四六三頁。

(24)　尹大遠氏は二つの意見の違いについて、はじめて注目した人である。しかし、その解釈において、桂は個人的に「大綱」を作成したが、小村と話し合って、「以後小村がこの大綱を基礎に倉知に細目作成を指示し、完成させた基礎案を七月下旬桂に提出し」たと主張している(尹大遠、前掲書、六五頁)。氏の論拠は『小村外交史』の中の「なお別に併合の条約締結の形式によっては行われない場合の措置をも攻究する所があった」という元々非論理的な記述だけである。小村と桂の併合案の違いをみとめ、詔書併合案と条約併合案の並立をはじめて確認したのは、和田春樹「併合条約の無効性と併合の現実」(二〇一一年八月二九日、ソウル)である。

(25)　国会憲政資料室、桂太郎文書一九、「韓国始末ノ要領」、一―二。これは海野、前掲書、三五五頁に引用された。尹大遠氏も桂の伝記に引用されているこの文章に依拠して、日本政府は条約併合案と宣言併合案のうち前者をえらんだと結論している(前掲書、八八頁)。

(26)　『寺内正毅日記　一九〇〇～一九一八』京都女子大学、一九八〇年、四七七頁。

(27)　同右、四七六頁。

(28)　同右、四七九頁。

(29)　同右、四八六頁。

(30)　同右、四九八—四九九頁。

(31)　同右、五〇〇—五〇一、五〇五、五〇七、五一〇頁。

(32)　同右、五一二頁。

(33)　吉田源治郎「日韓併合始末」(一九一一年)『韓国併合始末関係資料』不二出版、一九九八年、八七—八九頁。

(34)　『小村外交史』八四六頁。『高宗時代史』六、九九五—九九七頁。糟谷憲一「『韓国併合条約』の無

効性と「併合詔書」」『日韓 歴史問題をどう解くか』岩波書店、二〇一三年、九九頁。
(35)『日本外交文書』第四三巻第一冊、六六〇頁。
(36)『寺内正毅日記』五一三頁。
(37)公文別録・韓国併合ニ関スル書類、三二、「詔勅条約宣言案」。この資料は尹大遠、前掲書、九二―九三頁が明らかにした。
(38)『寺内正毅日記』五一六―五一七頁。
(39)『日本外交文書』第四三巻第一冊、一一一頁。
(40)同右、六六四―六六五頁。
(41)李泰鎭編著『日本の大韓帝国強占』(ハングル)カッチ、一九九五年、一九九―二〇〇頁。これに反対したのが海野氏である(『世界』一九九九年一〇月号、二六九―二七〇頁)。海野氏の主張は誤りであった。
(42)吉田源治郎「日韓併合始末」一一四―一一五頁。
(43)『東京朝日新聞』一九一〇年八月二九日、四面。
(44)『高宗時代史』四、六五六―六六二頁。木村幹『高宗・閔妃』ミネルヴァ書房、二〇〇七年、二八五―二八七頁。
(45)『高宗時代史』六、六九九頁。
(46)大臣たちの経歴は、『韓国人名大事典』新丘文化社、一九九五年、一一九、二四九、二九七、六八五、六八六、九〇〇頁。
(47)同右、一五〇―一五一頁。『純宗時代史』七〇三、九五五頁。
(48)『韓国人名大事典』五四九、六三五、七一五、八七五頁。
(49)小松、前掲書、五四六―五六二頁。
(50)同右、五六二―五六三頁。
(51)寺内正毅「韓国併合始末」(一九一〇年)『韓国併合始末関係資料』不二出版、一九九八年、三七―三八頁。
(52)『日本外交文書』第四三巻第一冊、六七五頁。
(53)同右、六七七頁。
(54)小村外相あて寺内統監の電報、二〇一〇年八月一四日、公文別録・韓国併合ニ関スル書類、二一。
(55)『日本外交文書』第四三巻第一冊、六七七頁。修正前の条約案は、同右、三一、「詔勅条約宣言案」。
(56)寺内「韓国併合始末」一一―一三頁。
(57)同右、一三―一三頁。
(58)同右、一三―三〇頁。
(59)同右、三〇―三三頁。
(60)『日本外交文書』第四三巻第一冊、六七八頁。
(61)寺内「韓国併合始末」三四頁。

(62) 寺内統監あて小村外相の電報、一九一〇年八月一五日、公文別録・韓国併合ニ関スル書類、二一。
(63) 寺内「韓国併合始末」三五―三八頁。
(64) 同右、三八―四〇頁。『高宗時代史』六、一〇一二頁。
(65) 糟谷憲一氏の教示による。
(66) 寺内「韓国併合始末」三九―四〇頁。
(67) 同右、四〇―四一頁。
(68) 『日本外交文書』第四三巻第一冊、六八〇頁。
(69) 同右、六八〇―六八五頁。
(70) 寺内「韓国併合始末」四三―四八頁。
(71) 李泰鎮他編『条約で見る韓国併合』二四〇―二四一頁。
(72) 『続陰晴史』下、国史編纂委員会、一九七一年、三三〇頁。
(73) 寺内「韓国併合始末」四七―四八頁。この勅書は李泰鎮他編『条約で見る韓国併合』二四二頁にある。
(74) 寺内「韓国併合始末」四八―五〇頁。
(75) 李泰鎮他編『条約で見る韓国併合』二七六頁。
(76) 李泰鎮編著『日本の大韓帝国強占』二〇三頁。海野論文、『世界』一九九九年一〇月号、二七二頁。海野氏の資料は『日本外交文書』第四三巻第一冊、七〇一―七〇二頁。
(77) 李泰鎮他編『条約で見る韓国併合』二八二―二八三頁。
(78) 同右、二九四―二九五頁。
(79) 『官報』号外、一九一〇年八月二九日。『東京朝日新聞』一九一〇年八月三〇日。
(80) 『官報』号外二号、一九一〇年八月三〇日。
(81) 『東京朝日新聞』一九一〇年八月三〇日。
(82) 『続陰晴史』下、三三一―三三五頁。
(83) 『東京朝日新聞』一九一〇年八月三〇日。
(84) 吉田源治郎「日韓併合始末」一六八―一六九頁。
(85) 朴殷植『朝鮮独立運動の血史』1、平凡社、一九七二年、七〇頁。
(86) 『梅泉野録』国史編纂委員会、一九七一年、五四六頁。
(87) 『続陰晴史』下、三三七―三三八、三四〇頁。
(88) 同右、六〇七―六〇八頁。

和田春樹

1938年大阪生まれ．東京大学文学部卒業．東京大学社会科学研究所教授，所長を経て，東京大学名誉教授．専攻は，ロシア・ソ連史，現代朝鮮研究．主著に『北朝鮮現代史』(岩波新書)，『「平和国家」の誕生──戦後日本の原点と変容』『日露戦争 起源と開戦(上・下)』『ある戦後精神の形成 1938-1965』『朝鮮戦争全史』(岩波書店)，『ロシア革命──ペトログラード 1917年2月』『スターリン批判 1953～56年──一人の独裁者の死が，いかに20世紀世界を揺り動かしたか』(作品社)，『回想と検証 アジア女性基金と慰安婦問題』(明石書店)，『日本と朝鮮の一〇〇年史──これだけは知っておきたい』(平凡社新書)ほか．

韓国併合 110年後の真実
──条約による併合という欺瞞
岩波ブックレット 1014

2019年12月4日 第1刷発行
2020年10月15日 第3刷発行

著 者 和田春樹《わだはるき》

発行者 岡本 厚

発行所 株式会社 岩波書店
〒101-8002 東京都千代田区一ツ橋 2-5-5
電話案内 03-5210-4000 営業部 03-5210-4111
https://www.iwanami.co.jp/booklet/

印刷・製本 法令印刷 装丁 副田高行 表紙イラスト 藤原ヒロコ

ISBN 978-4-00-271014-3 Printed in Japan